TURING 图灵新知

U0590204

の科学

ら学習を探る

你真的
会学习吗

高效学习的
心理学真相

〔日〕市川伸一 ○ 著　王博 ○ 译

人民邮电出版社

北　京

图书在版编目（CIP）数据

你真的会学习吗 ：高效学习的心理学真相 ／（日）
市川伸一著； 王博译. -- 北京 ：人民邮电出版社，
2024.5
（图灵新知）
ISBN 978-7-115-63634-8

Ⅰ. ①你… Ⅱ. ①市… ②王… Ⅲ. ①学习心理学
Ⅳ. ①G442

中国国家版本馆CIP数据核字(2024)第017830号

内 容 提 要

　　本书从认知心理学的角度出发，结合各种实验数据和理论，通俗地
讲解了人脑记忆、处理、加工、利用信息的机制，分析了"学习"这一认
知活动的本质。作者通过长期的认知心理学研究与教育实践调研，精准地
指出了影响学习效果、导致学习能力低下的核心因素，并借助认知心理
学、脑科学的实验与理论对其进行了深入分析，针对"有效记忆""理解
知识""解决问题""获得动机"等问题，给出了切实可行的科学建议。

　　本书既可作为日常学习、工作中的"高效学习法"指南，也可作为
了解人脑认知机制的科普读物。

◆ 著　　　　[日] 市川伸一
　　译　　　　　王　博
　　责任编辑　　李　佳
　　责任印制　　胡　南

◆ 人民邮电出版社出版发行　　北京市丰台区成寿寺路11号
　　邮编　100164　电子邮件　315@ptpress.com.cn
　　网址　https://www.ptpress.com.cn
　　大厂回族自治县聚鑫印刷有限责任公司印刷

◆ 开本：880×1230　1/32
　　印张：3.625　　　　　　　2024年5月第1版
　　字数：65千字　　　　　　2024年5月河北第1次印刷
　　著作权合同登记号　图字：01-2023-2753号

定价：49.80元
读者服务热线：(010)84084456-6009　印装质量热线：(010)81055316
反盗版热线：(010)81055315
广告经营许可证：京东市监广登字 20170147 号

前言

　　本书旨在阐述作为"学习方法"基础的心理学理论及知识。一般来说，我们把获得知识和技能的过程称为"学习"。我所研究的"认知心理学"这一领域与语文、数学等科目的学习密切相关。因此，希望本书能成为各位读者重新审视自己学习方法的一个契机。

　　在进入正题之前，请各位读者先阅读下一页的文章。这篇文章被日本小学教科书收录，也是本书后面所有内容的一个出发点，因此我将这篇文章作为开篇。本书的主要观点都在其中，请各位读者在了解这一点的基础上进行阅读。

记忆、传达、理解

人类究竟可以记住多少内容呢?

我们先来做一个简单的小实验。老师随机选 3 个数字，然后慢慢读出来。"5、3、9。"老师读完后，你就立刻把数字记在笔记本上。3 个数字的话还是挺简单的。接下来挑战 4 个数字。

"6、1、7、2。"难度略有提升。接下来，5 个、6 个、7 个……数字的数量逐渐增加，不久你就会发现力有不逮了。

以成年人为实验对象得到的数据如下图所示。从图中可以看出，当数字达到 7 个时，还能记住的人就只有一半左右了。只听一遍基本只能记住七八个数字。这一点无论是大人还是 10 岁左右的小朋友几乎一模一样。

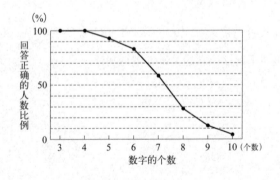

看到这儿，各位可能会觉得人类能够记住的内容实在是太

少了，但我们又的确记住了许多内容。电视上看到的、书上读到的、学校里学到的，我们记忆了海量的内容。为什么会出现这种现象呢？

为了弄清这个问题，我们可以试着记忆下列数字。

$$1\ 4\ 9\ 16\ 25\ 36\ 49\ 64\ 81$$

反复背诵这串数字当然是一种方法。但仔细看的话，是不是能发现什么规律呢？实际上，这个数列是通过 $1 \times 1 = 1$，$2 \times 2 = 4$，$\cdots$，$9 \times 9 = 81$ 这种方式连接组成的。知道这串数字运用了乘法知识的人，就可以轻松地记住这些数字，并且不会立刻忘掉。这个例子体现出来的重要一点是，对于那些乍看之下毫无规律的数字，如果能找到其中潜藏的规律，就会发现其实它们记起来极为轻松。

如果让你尽可能多地记住下列文字，你会怎么做呢？

- 哥哥说脚疼。
- 弟弟说牙疼。

  ......

- 爸爸说手腕疼。

如果只是通过反复熟读来记忆，过一会儿可能就记不太清了，脑子也变得乱糟糟的。但当我们找到这段文字中隐藏的逻辑时，就会立刻觉得非常好记。

- 哥哥（踢足球过多，所以）说脚疼。
- 弟弟（吃了太多巧克力，所以）说牙疼。
  ……
- 爸爸（拿了很重的行李，所以）说手腕疼。

怎么样？这样一来是不是就很难忘掉了呢？

如上所述，只要摸清了事物间的规律，我们就能记住很多内容。但需要注意的是，想理解这些规律，知识是必不可少的。以刚才提到的"哥哥说脚疼"为例，如果不知道"足球在日本青少年中很受欢迎""踢足球时需要大量奔跑""跑太多的话脚就会痛"这些事情，那么这些提示也就发挥不了作用了。

看完电视新闻或者读完报纸上的文章之后，大人可以记住上面的内容，但小孩怎么也回想不起来。就像我在最开始的那个实验中提到的一样，大人和小孩死记硬背的能力并没有多大的区别，差距在于双方所拥有的知识。拥有相关的知识，就能明白那些话的意思，找到事物之间的关联。因此，双方所能记住的信息量才会出现较大的差距。

到目前为止，我们一直强调，在"记忆"时，用知识来帮助理解是非常重要的。实际上，将接收到的信息"传达"给他人时，这一点也同样适用。

你玩过"交头接耳""你画我猜"之类的游戏吗？明明想着要尽可能正确地去传达信息，但在传达的过程中内容不断发生改变。哪怕是在我们的日常生活中，人和人之间的信息传达也经常出现内容在不知不觉中改变了的情况。这是因为，信息接收者忘记了一部分内容，或者自以为明白了，说出口却变成了一些似是而非的话，又或者画蛇添足地补充了一些从没有提到的信息。而当他们成为信息发送者时，就会把这些错误的信息传递给其他人。

在具备相关知识的人看来，谣言或传闻是经不起推敲的。我想举一个对我们的社会产生很大影响的例子。哈雷彗星大约每76年环绕太阳一周，它在1910年接近地球时，发生了这样一件事情。

在此数年前，一位天文学家预言称，地球将被拖入彗星的长尾之中。这一消息流传开来后，有谣言称将有大量毒气涌向地球。甚至有一部分人在木桶里灌满水，以此训练自己长时间憋气的能力。此外，还有人准备去密闭的地下室避难，甚至有些地方因此陷入一片混乱。然而，实际上组成哈雷彗星尾巴的气体远比地球的大气轻，即使地球进入其中，对生活在地球上的生物也不会产生任何影响。

我们把从人到人的信息传达称为"交流"。很多时候，信息发送者认为对方理应明白，所以经常会简单地描述自己想传达的信息。信息接收者则需要用自己的知识来理解并将信息传达给其他人。因此，如果接收者不具备相关知识，或者使用的知识体系不同，那么信息发送者想传达的信息就无法正确地传达出来。

无论是记忆还是传达，最重要的依然是利用所拥有的知识去"理解"。在我们自己都没有察觉到的时候，数之不尽的知识支撑着我们思维的运转。

（摘自光村图书出版的 2000 年版教科书《国语六上·创造》）

目录

第 1 章

怎样才能牢记于心

测试一次最多能记住多少信息——记忆广度

人自呱呱坠地起，便在不停地记忆众多的经历与知识。心理学家认为，人类大脑记忆的运作机制可以分为**短时记忆**（short-term memory）和**长时记忆**（long-term memory）两种。所谓短时记忆，简单来说，就是大脑立刻记住的部分。无论何时，我们的脑海中一定会在想些什么，对吧？听别人说话时，对方说的内容会暂时留在我们的意识之中，这就是短时记忆。与此相对，即便暂时忘记了，之后也能想起来的部分就是长时记忆。我们记住的那些海量的内容，一般属于长时记忆。

短时记忆是人类一次可以记住的信息，其容量并不大。

如果同时思考两件事情，想必大家都觉得有些难度。你可能有过这样的经历：在通讯录中查找电话号码，然后立刻拨打电话，聊一会儿天后，刚拨打的电话号码就忘得一干二净了。因为一开始记电话号码时，只用了短时记忆，而人的短时记忆容量是十分有限的，所以一会儿你就会忘得一干二净了。

人的短时记忆能容纳多少信息呢？这一限度被称为**记忆广度**（memory span）。"memory"指的是记忆，"span"本意是张开的大拇指到小拇指之间的距离，简而言之就是最大范围。记忆广度指的是人的短时记忆最多可以记住多少信息。"前言"中介绍的把老师读完的数字写出来的实验，实际上是英国心理学家雅各布斯（J. Jacobs）于1887年在心理学刚刚兴起之际所做的。

记忆广度因人而异，但大体有7项信息，这一数值非常稳定。之所以说它稳定，是因为无论怎样改变前提条件，这一数值都不会发生太大的变化。比如说，读快点或者读慢点，记忆广度会有变化吗？恐怕不少人会觉得，读快一点就不会立刻忘记这些数字，所以读快点得到的结果会更好。也有人会觉得，读慢一点就有更多的时间在脑海中多复习几次，所以读慢点反而会记住更多内容。

实际上，有许多人做过这个实验。有人得出的结论是，读快点的结果会更好；也有人言之凿凿，称读慢点会更好。但无论怎么记，其数值波动幅度也不会超过一成。也就是说，无论是1秒读一个数字，还是3秒读一个数字，基本上结果不会有什么差距。短时记忆拥有这种有趣的性质，你不妨也来试一试。

前文所举的例子基本上以数字为主，下面介绍一个使用视觉图案的实验。使用图案的实验是怎样的呢？大家看到图 1-1 便知道了。图中的一些方格中间加了点。实际上，在年轻的时候，我拼命思考记住这种图案的方法。像这样的图案，人类能记住多少呢？在这一实验中，点的数量越多就越难记住。那么点的数量为多少时，人们能够记住整个图案呢？

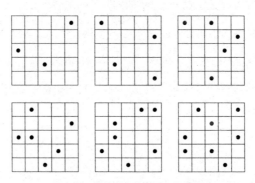

图 1-1　使用图案的短时记忆实验

这个实验的内容就是，先将图 1-1 所示的图案展示两三秒后撤去，再请实验对象重现该图案。这个实验想测试的是当图案中存在多个点时，实验对象能否完全记住。粗略看一下图，我们就会在脑海中形成一个大致的印象。我们一次能在心里记住多么复杂的图案呢？通过实验发现，竭尽全力的话大概可以记住含有 6

个点的图案。

"重复"的效果和极限——记忆的存储模型

这样看来，我们看一眼、听一次就能记住的内容还是非常少的。人类的短时记忆真是短暂！

自出生起，我们的大脑就开始记忆各种事情。这是被称为长时记忆的另一种记忆结构。用简单的图示说明理论，这在科学领域中称为**模型**。图 1-2 是在认知心理学兴起不久，也就是 20 世纪 60 年代左右推出的一个模型，叫作**存储模型**。这一模型假设人的大脑中存在数个存储库，并以此来说明人类的短时记忆与长时记忆。

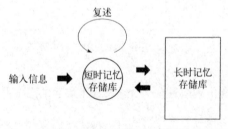

图 1-2　认知心理学发展初期提出的记忆存储模型

当大脑从外部接收到信息时，首先会将信息放入**短时记忆存储库**中。但短时记忆存储库容量较小，信息装载进去后很容易被忘记。为了不忘记这些信息，就有必要在脑海中不断重复、不停默念，这一过程被称为**复述**。在回忆时，拼命地回想刚才看到的东西也可以叫作复述。复述时不会忘记，但一停下来很快就会遗忘，这是短时记忆的一大特征。打电话之前预先记住了电话号码，但打电话的时候无法重复练习，所以之后会很快遗忘。

这样说来，人类如果只有短时记忆存储库，就会面临诸多挑战和困难。要一刻不停地反复背诵，不然就会忘记，这样的话着实令人困扰。不过，人类也存在**长时记忆存储库**这一运作机制。长时记忆存储库的容量极大，几乎到了无穷无尽的地步。但与此同时，信息也不是随随便便就能进入长时记忆存储库的。那么，信息怎样才能进入长时记忆存储库呢？

当大家被要求"好好记住这些内容"时会怎么办呢？想必有些人会采用多次重复的方法吧。也就是说，在一定程度上进行复述，是可以将信息放入长时记忆存储库的。通过复述进行记忆，这一记忆结构不仅限于人类，在动物中也屡见不鲜。训练动物进行表演，就是经常让动物进行重复演练。

如果多次进行重复，那么不久后即使停止重复也能想起来。复述这一手段不仅能将信息留在短时记忆存储库中，还具有将信息放入长时记忆存储库的作用。而且，即使过了一段时间，在必要的时候，该信息还可以从长时记忆存储库返回到短时记忆存储库中，这一现象就是**回忆**。我们之所以记得自己家的电话号码，并不是因为我们在短时记忆中一直复述，而是因为这一信息已经进入了长时记忆存储库。时刻记得家人和朋友的长相也是同样的道理，都是因为这些信息进入了长时记忆存储库。

　　这里请大家仔细观察我过去所做实验的结果。我会一边回顾前面的内容一边介绍。请看图 1-3，图中展示的是，当我们通过数列来测试记忆广度时，在出示数列后实验对象能记住多少数据。即便不去一个一个地读出数字，换成在纸上写下 4 个数字，然后让实验对象复述出来也是一样的。给实验对象观看数字的时间变长的话，他们又能记住多少呢？结果如图 1-3 中的数列线条所示。我们一般会认为，给予的观看时间越充足，记住的数字就越多。

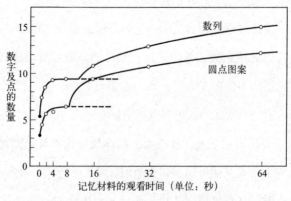

图 1-3　观看时间变化时的记忆范围变化

观看时间最短是 0.1 秒（图中的黑点），也就是说记忆材料只展示了 0.1 秒。只看 0.1 秒，最多记住 5 个数字。如此短的时间，一眨眼数字就消失不见了，与其说没记完，倒不如说没看完。当我们增加观看时间时，能记住的数量会逐步增多。图 1-3 中显示的是 8 名实验对象的平均值，因为都非常努力，所以他们取得的成绩都很好。在小小的实验室里单独做这个实验的话，可能因为注意力更集中，所以实验对象仅用 4 秒左右的观看时间就能记住 9 个左右的数字。但之后即使继续延长观看时间，记忆的数量也不会有所增多。即使给 10 秒左右的时间，实验对象最多也只能记住 9 个数字，这就是短时记忆的极限。如果有 10 秒时间，可以反复读三四次，但终究还是记不完。

但如果观看时间更充足，成绩就会逐步提高。在实验中，观看时间最长为 64 秒，时间在 1 分钟左右的话，实验对象大概可以记住 15 个数字。有趣的是，观看时间在 10 秒左右，记忆的数字数量就已经达到了瓶颈，虚线部分就展示了这一点。但如果之后继续努力，还是略有成效的，因为数字在大脑里重复了许多次。重复次数达到一定程度后就会有效果，从而可以记住更多内容。如果能给实验对象长于 64 秒的观看时间，他们肯定能记住更多，但因为实验对象太过劳累，所以数据取值最长只到 64 秒。

图 1-3 中的圆点图案是以图 1-1 这种有圆点的格子组成的图

案做实验的结果。这个实验的目的在于验证，当我们把数字换成由若干个里面有圆点的方格组成的图案时，实验对象是否能够全部记住。观看时间为 0.1 秒的话，最多记住差不多 3 个有圆点的图案。再延长观看时间的话，大概 8 秒左右就会遇到瓶颈，让人觉得 6 个左右似乎就是极限了。但如果逐渐加长观看时间，成绩还是会慢慢提升的。这是因为，当你打算将图案牢记于心，全神贯注地观看时，哪怕这个图案相当复杂，你也能在 1 分钟左右的时间内记住。这也说明，在记忆图案的时候，反复观看确实能帮助记忆。

问题来了：如果我们想记住很多内容，是不是只能像这样单纯地进行重复呢？正如"前言"中提到的那样，本书的重点在于告诉你，事实并非如此。

构建更大的集合——区块化

短时记忆的信息容量约为 7 项，实际包含的信息非常少。但通过各种努力，我们是可以扩大短时记忆的信息容量的。这里介绍一个实验，该实验证明，通过充分掌握短时记忆的性质可以记住更多信息。这听起来更像一种记忆方法。这一实验正是由认知心理学家米勒（G. A. Miller）在 1956 年发表的著名论文《神奇的数字 7±2：人类信息加工能力的某些局限》中介绍的。

虽说我们的短时记忆大概可以记住 7 项内容，但这 7 项内容具体该怎么计算呢？以"DOG"这个单词为例，应该把它算作 1 个单词，还是算作 3 个字母呢？这取决于你是否知道"DOG"这个单词。对于原本就熟悉这个单词的人来说，它肯定是作为一个整体进入短时记忆的。但对于只知道字母、不认识这个单词的人而言，就只能拆分为 D、O、G 这 3 个字母来记忆了。如果你是按 D、O、G 这样来记的，那么"DOG"显然是 3 项内容。

这也意味着，怎样计量这 7 项内容是极为主观的。它完全取决于观察者平时是将其视作一个整体，还是零零散散的碎片。最终的结果就是，纳入短时记忆的仍是对于观察者而言的 7 个单位。这里所说的对于观察者而言的一个整体单位，被称为**区块**（chunk）。比如刚才"DOG"这个例子，对平时就会用到"DOG"这个单词的人而言，这个单词就是一个区块。

米勒指出，短时记忆能容纳的区块在 7 个左右。它就像是一个能装下 7 枚硬币的钱包，面值不管是 1 日元、10 日元还是 100 日元都无关紧要。这也意味着，只要能构建信息量更大的区块，从整体来看就能记住更多信息。

表 1-1 是"重新编码二进制数的方法"。最上面有一串数字"1010001001110011110"，这串数字正是需要你来记忆的。当面对

这串数字时，你会怎么记呢？如果打算直接这样记，是不是感觉不可能背下来？"101000100111001110"是一个二进制数，如果我们将其两个两个地分开，就会形成10、10、00、10等组合，这个时候我们可以将二进制数转化为四进制数来记忆。比如10转化为四进制数时会变成2，需要记忆的数的数量直接减半。

在四进制的情况下，个位会出现的数分别是0、1、2、3，到此并无差别；但到了3之后的4时，就无法写在个位上了。因为个位满员，所以只能写在十位，于是写作10，这就是四进制中4这个数的表现方式。如果是八进制数，个位上的数就可以像0、1、2、3、4、5、6、7一样，一直写到7。但是到了8的时候，同样不能写在个位上了，只能写作10。这就是八进制中8的表现方式。

表 1-1　重新编码二进制数的方法

二进制数（位）		1 0 1 0 0 0 1 0 0 1 1 1 0 0 1 1 1 0					
2：1	区块	10	10	00	10	01	11	00	11	10
	重新编码	2	2	0	2	1	3	0	3	2
3：1	区块	101	000	100	111	001	110
	重新编码	5	0	4	7	1	6
4：1	区块	1010	0010	0111	0011	10
	重新编码	10	2	7	3
5：1	区块	10100	01001	11001	110
	重新编码	20	9	25

表 1-1 想表达的其实是，如果进行训练，让人看到 10 能瞬间转化为 2，记忆广度就可以显著扩大。10 是 2、10 是 2、00 是 0、10 是 2，如果能像这样立刻转化过来，需要记的数的数量就会减少一半。这就是"重新编码为 2 ∶ 1 的区块"。效率更高的记忆方法则是将每 3 个数转化成八进制数，也就是重新编码为 3 ∶ 1 的区块。此时需要记住的数只有 6 个，即"504716"，这样我们应该就能记住了。在回答的时候，将二进制数复原就可以了。

除此之外，还有 4 ∶ 1 和 5 ∶ 1 的转化。米勒通过实验证明，训练固然很辛苦，但一旦完成这样的训练，即使出现再多的二进制数，也能一个一个记住。最终即使出现了 40 个左右的二进制数，只要看一次也能一下子全记住。这一结果就连向我们介绍这个实验的米勒都相当吃惊。

这看上去确实很像一种记忆方法。进入短时记忆的是区块的个数，通过利用区块个数这一点，我们能够记忆更多的信息。这是一个通过特殊训练实现区块化的例子，但其实我们从出生开始就习惯性地将数个东西归结为一个整体。语言就是这样的，我们对零乱的音节进行组合，将其汇总成单词。前文提到的将 D、O、G 组合为 DOG 就是一个很好的例子。读法也不是"D、O、G"，而是单词"dog"。因此，这种方法容易让信息进入短时记忆，也容易让信息留在长时记忆中。

理解意思——有意义化

当我们想将一件事情变成长时记忆时，想记住的事情有着怎样的意义，就起到了很重要的作用。图 1-4 是记忆图形的实验结果。这是卡迈克尔（L. Carmichael）等人于 1932 年提出的经典实验。实验对象需要记住的是中间那一列的图形（提示图形）。图形有些抽象，看不出来画的是什么。我们在记忆这些图形时，会给它们下定义，解释"这到底是什么图形"。如果不这样做，就很难记住。

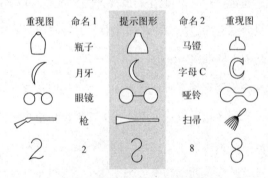

图 1-4　重现相似图形时起名的影响

因此，对其中一个小组的实验对象说"这是瓶子"，再给他们看中间一列最上面的图。这其实就是对图形进行解释。于是实验对象会把图形看作瓶子的样子来记忆，在回忆并重现图形时，就会把它画得非常像瓶子（最左列最上面的重现图）。原来的图形没有瓶口，但是实验对象重绘的图形带有瓶口。同样，针对中间那一列的第二个图形，对某个小组的实现对象说"是月牙"，他们在重现的时候画出来的就是月牙。把图形解释成"字母 C"，实验对象重现出的图形就如字母 C 一般。

　　从这个实验可以看出，人类并不是像拍照片或录制视频那样，把看到的东西原封不动地记住，而是偏向于记住它代表着何种意义。在记忆图 1-5a 时，与其直接记下来，不如把它理解成"小孩儿在电话亭里演奏长号"，这样就会产生一种"原来如此"的感觉，从而很好地将其重现出来。此外，我们可以把图 1-5b 视作"小鸟捉到了一只很强的虫子"。因为捉到一只力气很大的虫子，所以被虫子拽住了，小鸟顿感"嗯？"，然后就被拉到了对面。这样一解释，就可以很好地记住了。

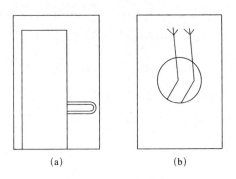

(a)　　　　　　　　(b)

图 1-5　这么抽象的图形，能完全记住吗？

在存储模型中，要想将短时记忆存储库内的信息转移到长时记忆存储库中，至关重要的就是不停地复述。到了 20 世纪 70 年代，克雷克（F. L. M. Craik）和洛克哈特（R. S. Lockhart）提出了**加工水平理论**，以解释我们接收到某些信息时，应该如何进行加工。按照形态加工、语音加工、语义加工这一顺序进行的话，**加工水平**（levels of processing）会逐渐升高；加工水平越高，信息往往越容易留在记忆中。

在确认这一主张的实验中，例如，列一张单词表，对于每个单词都可以提出并回答各种各样的问题。对于"手机"这个单词，形态加工的问题是"是汉字还是假名"，需要语音加工的是"是读 shou gi 还是 shou ji"这样的问题，语义加工则是"符合以下哪一个？把○○忘在了店里 / 在店里付了○○钱"这样的问题。一开始并没有对实验的参加者说"请记住这些单词"，只是单纯地让他们回答问题。当所有关于这些单词的提问结束后，突然告诉他们"请回想一下出现了哪些单词"时，要说经过哪种加工的单词更容易被回忆起来。首先是经过语义加工的单词，其次是经过语音加工的单词，最后才是经过形态加工的单词。实验结果表明，即使不刻意地去记忆，只要进行深度加工，也就是语义加工，信息就会自然地留在记忆中。

把握关联——结构化

人类可以通过不断的重复来逐渐记住许多内容，这是一个不争的事实。但是，一味地重复算不上本事。对人类而言，我们可以通过利用其他机制，让自己即使不多次重复也能牢记于心。若要刨根问底，无非是"理解"二字。刚才已经提到赋予意义这一方法，另一种重要的方法是找到关联信息的构造和规则。这样的话，乍一看好像很难记住的事情也能记住了。

举例来说，假设有人跟你说："请看图 1-6a 并记住它。"当图从你眼前消失，然后让你将其重现出来时，想必你会感到有些棘手。图 1-6b 是一串数字，如果要你全部记住，你肯定会觉得很难。但对于能够发现其中某种构造和规则的人而言，记住这串数字可谓轻而易举。

图 1-6a 是上下对称结构，我们可以把下半部分遮起来看，这时展现出来的是手写体的 mirror。图 1-6a 实际上是通过折叠使其成为对称图形。一旦明白这一点，你就能轻松地记住它了。

图 1-6b 的数列被称为**斐波那契数列**。数与数之间没有间隔，所以很难发现规律。但有一次，我让小学生仔细想想这些数之间有没有什么规律时，十几名小学生中只有一名学生看了出来。1 加 1 等于 2，1 加 2 等于 3，2 加 3 等于 5，3 加 5 等于 8，5 加 8 等

于 13，8 加 13 等于 21，13 加 21 等于 34。当我们明白这一规律时，就能轻松回想并写出来了。这是一个典型的例子，告诉我们只要知道构造和规则，就可以轻松地将信息转化为长时记忆。

图 1-6　乍一看能否记住呢

不过这个时候需要注意，弄清构造和规则并不是谁都能做到的事，我们必须使用"知识"这一工具。以图 1-6a 为例，不知道 mirror 这个单词的手写体写法的人显然是发现不了规律的。如果不知道 mirror 这个单词，挨个记住 m、i、r、r、o、r 这几个字母也绝非易事。因为知道 mirror 这个单词，所以可以轻松地记住它。图 1-6b 的斐波那契数列使用了加法知识，虽然很简单，但对三四岁的小孩子而言，他们才刚认识数，还不知道加法是什么，这时候就算告诉他这里使用了加法的规律，想必他也记不住。

我们是用已经掌握的知识来寻找构造及规律的，这一点很重要，也是我们接下来论述的出发点。我们在将文章内容转化为知识，或者把看到的影像作为知识来记忆时，一定会很好地利用已经拥有的知识。相反，如果没有知识，我们就无法发现其中的结构，也就无法长期记住这些内容。

我们再来看一个将零散的知识结构化，使其易于记忆的例子。图 1-7 中列举了很多矿物的名称。这是由心理学家鲍尔（G. H. Bower）等人进行的实验，他们向一个小组展示了一个矿物列表，其中包含铂、铝、铜、黄铜等矿物，然后让他们原样记住。小组的人反馈，这么多实在是记不住。但是，实验人员给其他小组提供了图 1-7 中的信息，即告知他们矿物分为金属和石头，金属分为贵金属、普通金属、合金，石头分为宝石和石材。有人可能会觉得，给出这些信息后，实验对象收到的信息就更多了，这样肯定更难记了。实则不然。通过实验可以确认，如果能够了解整体结构的相关信息，人们反而能更好地记住矿物名称。

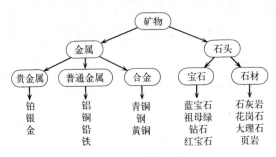

图 1-7　矿物的分类

■ 如何活用学习方法——告别死记硬背，朝着理解式学习迈进

在日常生活中，我们想记住内容时，一般不会完全地死记硬背。通常情况下，我们在阅读文章或观看影像时，会通过提炼大意、分析结构等方式，将信息放入长时记忆。这种做法的确有效。

在学习过程中，我们需要记忆很多内容，此时最重要的就是发现其中所蕴含的意义与构造。如果按照自己的理解来记忆，所产生的记忆可能会与原文完全不同。但是，在学校学习的过程中，习惯性死记硬背的学生大有人在。调查表明，具体情况会根据学生的不同而大相径庭。

无论是解答数学题，还是记忆史实，或是背诵英语单词，总有一些人认为"总之就是死记硬背"。当然，也有人想通过了解具体含义及事物与事物之间的关系来进行记忆。

不过，这里还有一些很重要的事需要补充。首先，年龄会导致差异。一般情况下，孩子在七八岁之前不太讨厌机械式反复记忆，而且死记硬背的能力也相当不错。但从 10 岁左右开始，他们对理解意义与结构的欲望逐渐变强。此外，随着孩子进入小学高年级、初中、高中，他们在学校学习的内容也会逐渐变难。

在这一时期，如果还像之前只依靠重复与死记硬背来学习，

就不合适了。因此，转换自己的学习方法是非常必要的。当然，想一下子理解所有内容也是不现实的，所以"先把内容都记住"也是一个不错的选择。不过，从一开始就以死记硬背的方式学习的人，与想着要尽力弄明白，经常向老师和朋友询问"这是什么意思""为什么会这样"的人相比，记忆内容的多少会有很大的不同，这一点从本章所列举的实验就可以看出来。

　　我们可以举一个社会学科方面的例子。这个例子出自认知心理学家西林克彦所著的书。社会学科中有很多需要背诵的内容，例如，在学习美国地理时，你会接触到"美国原住民住在什么样的房子里"这样的问题。西北海岸的原住民住在斜面屋顶的杉木房子里，加利福尼亚的原住民住在砖制的房子里，平原上的原住民住在被称为"梯皮"（tipi）的帐篷里。如果让我把这些都记住，那真是太可怕了。很可能我前脚刚记住，后脚就忘了。

　　在这种情况下，运用已经掌握的知识来帮助记忆会更好。一般人都具备以下常识，例如"房子是用当地常见的材料建造的""房子受气候和生活方式的影响"。日本以前的很多房子是用木头建造而成的，这是因为日本不缺木材。气候比较潮湿的话，就需要稍稍抬高地板，或者在地板上放置榻榻米，这些都受到气候和生活方式的影响。大部分人无疑具备这些常识，但仅仅这样还不够。怎样将这些常识与刚才提到的那些事实相结合才是最重要的。图 1-8 展示了将它们结合在一起的连接性知识。

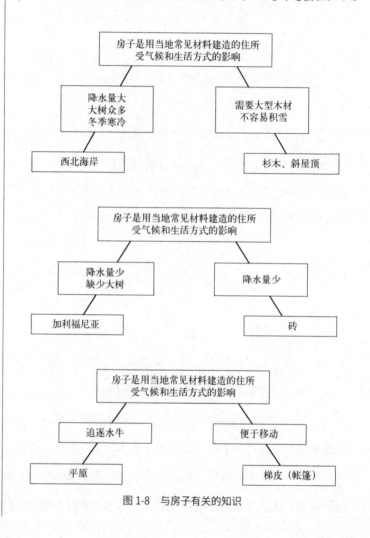

图 1-8　与房子有关的知识

　　提到美国的西北海岸，首先我们会想到这个地方降水量很大。据说西雅图附近经常下雨，所以那里长出了许多大树。而且冬季气温较低。就房屋建造的普遍规律来看，大型木材是必不可少的。因此，如果建造斜面屋顶的杉木房子，则不缺材料，并且因为屋顶为斜面，所以冬季不易积雪。这样将知识联系在一起后，记住"西北海岸的原住民住在斜面屋顶的杉木房子里"也就没那么难了。在了解事物的缘由后，这些知识也变得更易于理解和接受了。

　　其他也是如此。按常理来说，房屋的建造取决于附近可用的材料及当地的气候和人们的生活方式。随后我们便可以使用连接性知识来进行记忆。加利福尼亚降水量很少，长不出大树，因此常制作砖坯这样的材料。平原上又是如何呢？因为这里的原住民靠游猎水牛为生，所以建造房屋时很注重便于迁徙这一点。因此，他们住在游猎水牛时方便移动的住所，也就是被称为"梯皮"的帐篷里。如此一来，信息就联系起来了。

　　如果不使用这些知识来记忆，就只能通过重复和死记硬背来记忆了。只能像念经一样反复嘟囔："西北海岸的原住民住在斜面屋顶的杉木房子里……"与此相比，利用我们先前提到的方法显然更容易记住，而且很难忘记。请回想一下

"前言"中介绍的"哥哥说脚疼"的例子。这个例子是以一个叫布兰斯福德（J. D. Bransford）的认知心理学家进行的实验为基础，重新选定素材设计的。可以看出，只要能够成功建立联系，就可以更容易地记忆和理解事物。

第 2 章

知识是如何被吸收和运用的

信息的获取——自上而下和自下而上

通过本章，希望读者可以了解"自下而上加工"和"自上而下加工"这两个专业术语。这两个词语原本是在用计算机识别手写文字时使用的词语，例如，用机器来识别大家在明信片和信封上手写的邮政编码。随着机器性能的飞速发展，如今机器的识别准确率得到了极大的提升，但几十年前的机器很难做到现在这种程度。对人类而言，即便字迹略显潦草，读起来也不算费力。但对计算机来说，写字者独有的书写习惯、潦草的字迹，都会影响识别。

怎样才能让计算机准确识别出手写文字这一问题，在 20 世纪 60 年代引发了激烈的讨论。从人类的做法来看，大致可以分为两种方式。当出现图 2-1 中下方的字母时，我们立刻就能意识到它是"A"。那么，我们的大脑是如何做到这一点的呢？为什么我们可以意识到这个字符是"A"呢？如果可以，我们希望计算机能像人类一样将其准确识别出来。

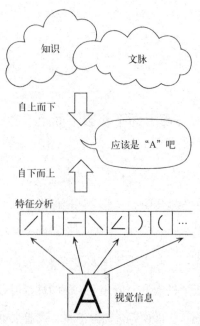

图 2-1　按照自下而上的方式与自上而下的方式进行文字识别

第一种方式是，从特征集中找到该字符所具备的特征。例如，有斜线、有一条水平线、有成角的地方等。把满足条件的特征排成一排，分析其具备哪些特征。然后将具有这些特征的字符作为候选对象，再逐渐缩小范围，通过这样的方式最终确定字符就是"A"。因为这种做法是从下到上的，所以被称为**自下而上加工**。这种方式主要通过仔细分析和逐渐缩小候选范围来进行识别。

另一种方式是看这个字符出现在什么地方，也就是通过上下文来判断，如果出现在这里，那一定是"A"。先提出某个假设，然后通过验证来确定其是否成立，这就是**自上而下加工**。在日常生活中，我们其实在不知不觉中运用了很多这种处理方式。

人类通过上下文就能轻易读取图 2-2 中的字符。大家一看就知道是"THE CAT"；但仔细一看，我们会发现左侧中间的字符和右侧中间出现的字符完全一样。尽管如此，我们还是能毫不费力地看出左侧中间的字符是"H"，右侧中间的字符是"A"。虽然图中展示的字符完全相同，但放在"T"和"E"之间时我们知道它是"H"，放在"C"和"T"之间时我们知道它是"A"。

TAE CAT

图 2-2　通过上下文读取字符的案例

之所以会出现这种情况，是因为我们认识"THE"这个单词，也知道没有"TAE"或"CHT"这样的单词。正是因为我们具备关于这些单词的知识，所以当它们在上下文中出现时，我们才会瞬间看出这是"THE CAT"。我们之所以能读懂凌乱的手写文字，是因为我们能够自然地从文脉中提取信息。要是只从中提取一个字，然后让我们识别，我们也会犯难吧。

我们就是这样无意识地通过运用相关知识和上下文来分辨文字的。实际上，人类同时使用了自下而上和自上而下的加工方式。我们会自下而上地提取特征进行分析，也会根据上下文来进行判断。同时运用这两种方式才是人类处理信息的方式。

但对计算机而言，自下而上加工会比较简单，自上而下加工殊为不易。在识别邮政编码时，因为无法联系上下文，所以很难用自上而下的方式加工。邮政编码的每个数都在 0 和 9 之间，只有 10 种可能，因此仅凭自下而上加工也能解决问题。但如果是较为复杂的字符，比如有汉字的日语文章，就需要运用自上而下的方式来识别，难度相当大，过去的计算机是做不到的。

观察图形，然后分辨它是什么，这种技术在专业上被称为**模式识别**，文字识别就是一个典型的例子。简而言之，模式识别就是理解并识别某个模式表示的是什么字符。与该技术相同的思考方式我们在获取信息并尝试理解其意义时会用到。例如，看到一个人的脸时，不论是判断其身份还是情绪，都属于一种模式识别。

此外，当理解别人说的话时，人的声音作为信息不断地传递过来。听者从中理解对方想传达的信息，从广义上来说这也是一种模式识别。我们可以通过自下而上的方式来理解，即一边使用有关声音和词语的知识，一边理解对方想说的话，也可以通过自上而下的方式，利用知识和语境来理解。"就此人的立场来看，肯定会这样说吧""就我所掌握的知识来看，一定是这样的""如果这样说就好了"，抱着期待去听，正是以自上而下的方式去理解的做法。

不过，这种做法有时会弄巧成拙。如果自身期待太高，即使实际情况并非如此，也会倾向于将事实曲解成自己期待的那样，最后只是自以为明白了。尽管如此，这里是想让大家知道在理解他人所言时有两种方法：一种是通过积累单词和语法的知识来理解；一种是通过知识及上下文，或者在预期的引导下展开理解。

从语言到命题的表达

在记忆信息时，我们的大脑到底是怎样处理这些信息的呢？这正是认知心理学研究的领域。我们经常会将其与计算机的记忆模式进行对比。计算机的记忆模式有很多种，不太智能的计算机往往会选择将文字和图形原原本本地记住。也就是说，文字就是文字，图形则是无数点的集合，以这种方式来全部记住。这种做法与其说是记忆，不如说是单纯的"记录"。但是，如果是那种非常智能的计算机，它会像人类一样，提取其中的意思并将其存储起来，这种做法与人类的做法极为相似。

例如，下面这篇文章是从给孩子看的书中引用的。我们上学的时候，教科书上大概都是这么写的，并且要求我们了解这些内容。

> 1884 年，国际上制定了以通过英国格林尼治天文台旧址的 0° 经线为基准，每隔经度 15° 划分为一个标准时区的方案。因此，在日本，将东经 135° 经线穿过的兵库县明石市的时间定为日本标准时间，全国通用。世界各国的标准时间也大致以每 15° 经度为标准，但考虑到国境和便利性等因素，实际上的应用错综复杂。
>
> （出自《21 世纪儿童地图馆》[①]，小学馆出版。）

假设现在要求你把以上内容记住。如果是录音机，肯定能直接记住所有内容，但它完全不懂这些内容是什么意思，既不会总结也不会讲解，更不会回答问题。总而言之，它只是单纯地"死记硬背"，不会理解其中的含义。然而，相比字面意思，我们更在意其中想表达的内涵。阅读这类内容，比起琐碎的文字本身，我们更倾向于考虑其中到底想表达什么意思，包含了怎样的内

---

① 原书名为『21 世紀こども地図館』。——编者注

容。正如第 1 章所说，人类不太会去死记硬背。

根据内容分解后提取出的如图 2-3a 所示的句子被称为**命题**。用英语来说就是 proposition，这可能是高中三年级学习的单词。命题是用于描述某种事实的句子。在此，"格林尼治天文台旧址在英国"这一信息就包含在前述内容中。位于英国，这是一个事实，"格林尼治天文台旧址的经度为 0°"也是如此。虽然文字表述和原来的不一样，但内容被提炼了出来。"标准时间以 0° 经线为基准""标准时间定于 1884 年"，这样的信息首先在脑海中被提炼出来。

①格林尼治天文台旧址在英国。
②格林尼治天文台旧址的经度为0°。
③标准时间以0°经线为基准。
④标准时间定于1884年。
⑤决定每15°经度共享一个标准时间。
⑥明石市位于兵库县。
⑦明石市位于东经135°。
⑧明石市的时间是日本标准时间。
……

(a) 命题

①（存在于~，格林尼治天文台旧址，英国）
②（存在于~，格林尼治天文台旧址，经度0°）
③（以~为基准，标准时间，经度0°）
……

(b) 列表表示

图 2-3　命题与列表表示

　　如果是人工智能，它会分析原来的文章，一个一个提取其中表达事实的内容。在此基础上，因为日语句子很难作为数据直接输入计算机，所以我们使用了图 2-3b 所示的**列表表示法**。这种书写方式遵循一定的语法。前面提到的"格林尼治天文台旧址在英国"，如果用作为计算机表达方式的列表表示法来书写同样的内容，那么动词"在"会在最前面，因为谓语是第一位的。作为主语的"格林尼治天文台旧址"则紧随其后，接下来是"英国"。列表表示法通过一定的规则来表现相关命题，这种方法似乎便于将信息上传到计算机。

　　然而，对人类而言，列表表示法很难理解，所以就有了一种易于人类理解的形式，也就是图 2-4 所示的**命题网络**。一个椭圆对应一个命题，第一个椭圆对应的是图 2-3 所说的"格林尼治天文台旧址在英国"。箭头所指的便是该命题的主语，即"主体"为"格林尼治天文台旧址"。"关系"指代谓语，"存在于~"中的"~"是宾语，即"英国"这一"对象"。第二个命题与此相关，"格林尼治天文台旧址"与第一个命题相同，指代同一场所。通过"经度 0°"信息相连并传递到下一个命题。认知心理学和人工智能领域的一种观点认为，大脑逐渐产生网络的过程，也是我们在长时记忆中储存信息的过程。

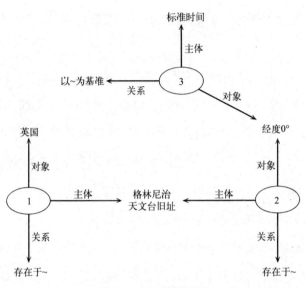

图 2-4　命题网络的示例

　　当我们回忆某些事情时，其实是再次"激活"了网络中的某些部分，使它们重回活跃状态。这种活跃状态会逐渐在网络中蔓延开来。当回忆某件事时，我们常常会接二连三地想起许多相关的内容。因为网络逐渐变得活跃，所以网络被视作长时记忆中知识结构的一个模型。具有联系的知识远比零碎的知识更容易回忆起来。

图表和图片也是命题表征吗——印象之争

"表征"这个词语可能不常听到。这个词语最初用于哲学和心理学，简单来说，其本意是"印象"。例如，当听到"苹果"这个词语时，我们的脑海中会浮现出苹果的形象。我们称其为"苹果的表征"。最初，视觉图像被称为**表征**，但随着时间的推移，表征的含义逐渐拓展，不仅限于视觉图像，耳之所闻、鼻之所嗅，五感所知皆可称为表征。

此外，即使没有接触到具体的形象，只要听到某个词语，我们就会联想到各种各样的知识，这些知识同样可以称为表征。当听到"苹果"这个词语时，因为我们知道很多关于苹果的知识，所以浮现在脑海中的绝不仅仅是苹果的视觉形象，而是关于"苹果是何物"的所有知识。这同样被称为"苹果的表征"，且其意义在逐渐扩大。即使是像"民主政治的表征"这种抽象的概念，我们所拥有的关于民主政治是什么的知识也是一种表征。心中浮现出的概括性知识都被称为表征。

在英语中，这个词语是"representation"。在记忆这个单词时，我们不会机械地默念"representation ＝表征"，而是会从结构上理解为什么"representation"的意思是表征，这样记起来才更简单。在背诵英语单词时，这也是一种很常用的方法，也就是将单词分解，然后理解各部分的意思。"representation"可以分解出"present"这一单词，译为"出席"。所谓"出席"，意思是"现在就在眼前／现在就在这里"。"He is present"译为"他出席了"，意思是他就在面前。"present"还有一个意思是"赠送"，也就是"交给"。对对方说"给你"，然后将东西交给对方的行为就是赠送，同时也带有"出示"的意味。因为译为"现在就在眼前／现在就在这里"，所以"present"既可以当作形容词使用，又可以当作动词使用。

　　然后就是"presentation"这一单词，它有"展示"的意思，也就是在大家的面前描述某件事是什么样的。在各类人面前，比如在客人或者其他员工面前，介绍商品具备哪些特点或者本公司有什么新的企划等信息，这样的行为就是"presentation"。孩子们的课堂展示也使用这个单词来形容。简而言之，它表示的是展示某些东西。

　　"representation"中还有"re"这个部分。"re"作为词根，表示"again"，也就是"再一次"。"representation"就表示再一次在众人面前展示。为何这个单词有表征的意思呢？这是因为最开始出现在眼前的东西，现在明明不在眼前却依然浮现在脑海中，这就是表征。刚才提到关于苹果的印象，当苹果出现在眼前时，因为说了"是的，这就是苹果"，所以这一行为是

"presentation"。但是，即使苹果消失了，闭上眼睛后刚才看到的苹果的形象依旧会在脑海中浮现出来，也就是再一次出现，因此"representation"这个单词有"表征"的意思。这个单词虽然有点儿难，但在认知心理学中可以说是一个关键词。

图 2-4 中出现的"命题网络"也是一种表征，因为它是我们看到有关格林尼治天文台的文章时，存在于脑海中的知识。因此，就有了**命题表征**这个说法。我们在吸收语言所传达的信息，也就是文章的内容时，并不是单纯地按照字面意思及语音形式来吸收的，而是将语义内容提取出来，并将其作为命题表征储存在大脑中。这种思维方式更容易理解。

我们又是怎么记忆照片、表格和图像等信息的呢？直觉上，我们倾向于认为脑海中的图像与实际图像是一样的，等我们需要时再取出来使用。然而，在 20 世纪 70 年代，一位名叫派利夏恩（Z. W. Pylyshyn）的人工智能学者提出了"图像也作为一种命题表征来存储"的主张，在认知心理学领域引起了一场巨大的争论，即"图像辩论"。

通常认为，语言信息在头脑中表现为一种声音，图像信息在头脑中表现为一幅画。因此，就连当时的认知心理学家都很难理解派利夏恩的主张。但结合我们在第 1 章所说的内容，你应该可以理解，人类并不是将信息囫囵吞枣地存储起来，而是会提取其意义和结构进行存储。代表其意义和结构的，正是命题。这一点，无论原始信息是语言还是图像，都是如此。

　　图 2-5 到底是什么样子的呢？大多数人会将其视为"一个正方形和两个重叠的三角形"，这其实已经提取了其意义与结构。但是，照相机和录像机做不到这一点，因为这终究是人类的视角，也就是我们常说的"解释"。那么，图 2-6 又是什么样子的呢？不同的人会以不同的方式来解释它的结构。结构化方式的不同，使得最终呈现出的命题各不相同，这也意味着图 2-6 将被存储为完全不同的命题表征。例如，创建出"由 4 个小三角形组成"这一命题表征的人，与创建出"一个朝上的三角形和一个朝下的三角形重叠组成"这一命题表征的人很可能会聊不到一块儿去。尽管看到的是同样的东西，但对于看到了什么，人们可能会各持己见。

图 2-5　很多人会看成正方形中有两个重叠的三角形

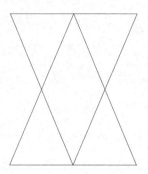

图 2-6　多种结构化方式所产生的图形的一个示例

　　我们来看看图 2-7 吧。从这幅图来看，我们或许可以得到命题表征"一个小孩儿为拿不到香蕉而哭泣"，但这只是其中一种可能的诠释而已。像这样进行诠释、制造表征的行为，依靠的正是人类的信息处理能力，这需要调动观察者的所有知识，才能产生这样的解释。婴儿要是看到这个画面，想必无法创建出这样的命题表征。

图 2-7　看到这幅画时人们会产生怎样的印象呢？

知识因运用而存在——通过基模理解文章

当我们从外部吸收信息时，最重要的是运用我们所拥有的知识，自下而上地进行加工。如果没有做到这一点，我们就很难理解或记忆信息。为了说明这一点，需要使用前文提到的布兰斯福德（22 页）为实验而撰写的下述文章。

顺序其实很简单。首先，将它们分成若干堆。当然，依据数量只分成一堆也没关系。接下来，如果设备不在场，就需要去别的地方寻找设备；如果设备在场，准备工作就完成了。最重要的是每次不要处理太多内容。换句话说，相较于一次处理许多内容，专注于少量内容或许更好。从短期来看，这一点好像无关紧要，但如果处理不好，很快就会成为继续前行的障碍，甚至可能会付出高昂的代价。一开始，步骤可能稍显复杂，但它很快就会成为生活的一部分。在可预见的未来，这项工作是否会消失，这一点无人知晓。走完程序后，将其重新分成若干堆，然后放在适当的位置上。不久之后，它们会被再次使用。这一循环必将不断重复，因为这就是生活的一部分。

　　如果让你记住这些内容，你会怎么做呢？如果是录音机，确实可以轻而易举地记录下来，但也只是"死记硬背"而已。而人类如果不理解文章的意思，就不可能真正记住这些内容。那么，你明白这篇文章讲的是什么吗？

　　答案是"洗衣服"。我在大学开讲座的时候，提出了这个问题，当时一位独居的学生举手回答道："我知道，是洗衣服。"可能是因为他经常自己洗衣服，所以这个答案才能立刻从他的脑海中浮现出来。布兰斯福德告知实验对象中的一组成员，这篇文章的标题叫作"洗衣服"，然后让他们阅读。几天后，他让他们复述内容。被告知了文章标题的小组成员记住了相当多的内容，而没有被告知任何信息就开始阅读这篇文章的小组成员，直至最后也不明白这篇文章讲的是什么，即使要求他们复述，想必也无法做到。

　　虽然这篇文章故意写得让人难以理解，但是只要一开始就告诉读者这是一篇关于洗衣服的文章，他们就会很容易理解。此时，信息是如何被处理的呢？每个人的脑海中都有一些关于洗衣服的知识。当然，如果你从来没有洗过衣服，对这件事没有太多的了解，那么当你被告知这篇文章的标题是"洗衣服"时，可能也不会有恍然大悟的感觉。但作为成年人，对于洗衣服这件事，或多或少会知道是按照怎样的顺序，怎么来做的。在认知心理学中，这种关于"×× 是什么"的一般性知识被称为**基模**（schema）。例如，关于"洗衣服指的是什么"的知识，就可以称为"洗衣服的基模"。我们可以将其理解为从经验性知识中提取的与洗衣服相关的知识体系。

当阅读一篇文章或听别人说话时，我们会从长时记忆中调取相应的基模。人工智能会将这种数据存储在某个地方，以便检索。前面的文章需要我们一边运用与洗衣服相关的一般性知识，一边阅读。如果我们拥有这个基模，但无法将其调取出来，那同样读不懂这篇文章。这样一来，我们只能零零散散地进行死记硬背，很快就会忘得一干二净。

文章通常会有一个标题，即使没有，读者看完开头也能成功调取相应的基模。如果没有做到这一点，那么这篇文章无疑是不合格的。从某种程度上来说，它就是一个失败的作品。在我的讲座中就明白了这篇文章意思的那位大学生，他似乎从"生活的一部分"这句话中察觉到讲的是洗衣服。他思考了"在生活中是否存在这样的事情"。在百思不得其解时，反正也束手无策，不如从整体上纵观整篇文章，大胆猜测"不会说的是洗衣服吧"，然后试着再读一遍，或许就会豁然开朗，发现果真如此。

具有"常识"的计算机能理解人们所说的内容

在创建能够理解人类语言和文字的人工智能时，我们必须向计算机提供类似于人类拥有的基模那样的数据，这样计算机才能使用这些数据读取文章。关于采用何种方式向计算机提供基模，已经有很多人提出了不同的方案。

图 2-8 是"餐厅"的脚本。**脚本**（script）原本指的是戏剧的剧本。脚本名为"餐厅"，也就是说它讲述了餐厅究竟是什么、在那里会发生什么样的事情等内容，并运用了一种类似于剧本的方式进行叙述。通过这样的方式，人类拥有的知识就被转换为数据传递给了计算机。

图 2-8 的脚本里有餐桌、菜单、菜肴、钱、账单这样的大型道具和小型道具。登场人物有客人、服务员、厨师、收银员、老板。调用条件指的是何时调用这个餐厅脚本。例如，"客人饿了且带了钱"，此时就满足条件。结果则是"客人的钱减少，老板的钱增加，客人填饱了肚子"。每个场景都写着要做的事情。场景 1 从"客人进入餐厅，寻找座位"开始，到入座结束。场景 2 是点餐，从"客人接过菜单，浏览菜单"开始。场景 3 是吃饭，场景 4 则是离店。

```
脚本名：餐厅
大型道具·小型道具：餐桌      登场人物：客人
                菜单              服务员
                菜肴              厨师
                钱                收银员
                账单              老板
调用条件：客人饿了
          客人带了钱
结果：客人的钱减少
      老板的钱增加
      客人填饱了肚子
─────────────────────────────────────────────
场景 1：进店                服务员将点菜单交给厨师
    客人进入餐厅            厨师做菜
    客人寻找座位        场景 3：吃饭
    客人决定座位            厨师将菜肴交给服务员
    客人前往餐位            服务员将菜肴送至客人餐桌上
    客人入座                客人吃菜
场景 2：点餐            场景 4：离店
    客人接过菜单            服务员出账单
    客人浏览菜单            服务员前往客人餐位
    客人决定餐品            服务员将账单交给客人
    客人呼叫服务员          客人前往柜台
    服务员来到餐桌旁        客人将钱付给收银员
    客人点餐                客人离开餐厅
    服务员前往厨房
```

图 2-8　"餐厅"的脚本

我们经常说要一边补足字里行间的意思一边阅读。在实际阅读的文章中，作者不会一一描写客人和店员所做的事，这需要我们自己运用相关知识妥善补足省略的部分，从而理解文章的意思。如果把我们的对话内容原封不动地写成文字，应该有许多地方需要省略。虽然省略了一些内容，但整体表达依然通顺，因为我们灵活运用了作为"常识"的各类知识。相反，如果没有这样的知识，或者虽然有但无法顺利调用出来，就会像前边那篇关于洗衣服的文章一样无法让人顺利理解。

在日常生活中，我们可以很自然地运用常识。在阅读文章时，我们也会下意识地做出这一行为。这同样属于自上而下加工。那什么时候没有顺利地运用常识呢？比如，在课堂上听不懂老师讲的内容，或者看不懂课本的时候。老师的确在尽可能地讲清楚，也有学生弄明白了，但要想明白这些内容，需要的背景知识并不是常识，而是相关学科的知识。如果学科知识不足，或者一知半解，甚至出现错误，当然会听不懂。

如果上课听不懂、读了课本也弄不明白的情况越来越多，就需要注意了。这可能是因为在学习新知识之前，我们没有把已经学过的内容弄清楚。例如，试着问了"不太懂二次函数"的学生，他们往往不知道什么是函数，不知道一次、二次这些次数的意思。希望读者一定要记住，若想扩展新的知识，就必须以已经掌握的知识为基础。不过，也不必总是悲观或求全责备。如果不明白，重新去弄清楚就可以了。我们在学习各个学科的知识时，通常就是在这样的循环往复中逐渐加深理解的。

■ 活用学习方法的秘诀——检查作为理解前提的基础知识的掌握情况

在各学科的学习过程中，其实也存在所谓的基模与脚本。比如，在数学中，"函数是什么"就是基模；在英语中，"关系代词是什么"就是基模；在化学中，进行酸碱中和实验的过程就是脚本。诸如此类，不胜枚举。常识性的基模，我们在日常生活中其实已经非常自然地掌握了，所以特意在这方面下功夫的人并不多。但是，在学问的世界里，我们需要从老师和书本的讲解中获得基模与脚本。而且我们会发现在不知不觉中了解知识的方式，很多时候无法让我们真正掌握知识。

"所谓 ×× 是什么"，这个问题可以用一个词语来概括，那就是**概念**（concept）。概念原本是一个哲学用语，而且是一个几乎与基模相对的词语。当提到"函数的概念"时，我们其实是在思考函数究竟是什么，所以它也可以称为函数的表征。在各科的学习中，概念的理解是学习的核心，也可以说是最困难的地方。简单来说，概念的理解是指理解学科和学问的世界中出现的专业术语的含义。

在理解术语时，最重要的是判断它到底是什么意思，也就是掌握其定义，以及了解它的具体用例。比如，数学中的"有理数和无理数是什么"，化学中的"氧化是什么"，英语中的

"不定词是什么"等。关于这些问题，你能够说出它们的定义并讲清楚具体用例吗？很多学生非常不擅长做这样的说明。虽然这类问题不会直接出现在考试中，但如果没有弄清楚，会对之后的课程学习造成很大的阻碍。这些内容其实在教科书和笔记本上都有，如果你没有自信能讲述清楚，可以立即对着书本检查一下。

教科书和参考书卷末的"索引"可以帮助你检查这些术语的掌握情况。索引会按拼音顺序排列专业术语，并标注它们在教科书中出现的具体页码。有位高中生曾惊叹索引是"高科技"，实际上，这不过是很久以前就有的"低科技"，但其威力与高科技不相上下。归根结底，如果不去灵活运用，无疑是空藏美玉。因此，建议大家查阅一些索引，检查有哪些术语自己没有完全理解。

此外，我们也可以试着思考一下本章中提到的图像辩论对于学习的意义。课堂上和教科书上经常使用图片进行讲解，这是因为学校的老师和教科书的编写者认为图片更容易理解。怎样判断学生是否真的明白图片讲述的内容呢？答案是看教学者与学习者对这张图片的诠释是否相同。的确，很多时候使用图片会有助于理解，但是确保双方共享图片中所包含的意义与构造，也就是传达同一命题表征是至关重要的。例如，当提问

"一次函数 $y = ax + b$ 的函数图像是什么样的"时，学生会在坐标轴上画一条向右上方倾斜的直线。但如果只是这种程度，照相机不也能做到吗？这实际上不过是另一种方式的死记硬背而已。

图像中所包含的意义，即"$a > 0$ 时为向右上方倾斜的直线，$a < 0$ 时为向右下方倾斜的直线""b 的值就是直线与 y 轴的交点""a 的值为 x 变化 1 个单位时，y 的增加量"等，是这个函数图像的命题表征。为了确认学生是否了解这些内容，老师会从各个角度提出与这个函数图像相关的问题。此外，学生能否就这个函数图像说明其各种特征或提出看法也很重要。

一般来说，随着学习的深入，人们会对每一张图、每一个公式产生各种各样的看法，脑海中也会浮现出很多与此相关的知识。而这正是拥有丰富的命题表征的一大表现。美术专家可以对一幅画进行详细的讲解，体育专家可以对比赛中的一个场面进行细致的分析。即使是同一个事物，映射在不同人眼中的表征其实是大相径庭的。而我们之所以学习，其实是为了掌握更丰富的表征。

第 3 章

如何解决问题

问题理解及解法探索——以数学应用题为例

本章的主题是**问题解决**（problem solving）。世界充斥着形形色色的问题，如政治问题、经济问题、教育问题等，数之不尽，但大多数问题没有标准答案。对于理科题，答案正确与否可以说泾渭分明，这种明确性有助于科学研究解题方法。在认知心理学中研究问题解决这一课题时，经常选用这种更明确的问题。

倾听、理解并解答某一问题时的处理过程是什么样的呢？大致的过程如图 3-1 所示。接下来我们将以下述这道简单的小学题目的解题过程为例，试着展开思考。

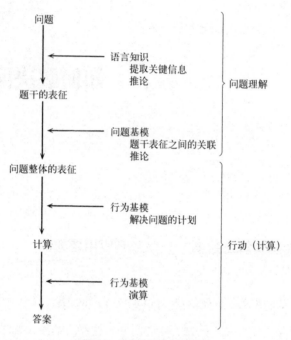

图 3-1 数学问题的解决过程

"太郎一开始有 5 颗糖，之后又从老奶奶那里得到了 3 颗糖，那么他现在有几颗糖呢？"

当碰到这种问题时，我们往往会先试着理解问题。理解问题的意思，这一行为被称为**问题理解**。在这一过程中，我们首先运用的是语言方面的知识。由于问题是用汉语阐述的，因此不会汉语自然看不懂内容。随后就是提取关键信息，有时需要一边根据自身常识进行补充，一边推测相关内容来帮助理解，由此构建出题干的表征。请回想一下第 2 章中有关命题表征的内容。

接下来，我们将一边灵活运用问题基模这一存在于各类问题中的基本知识，一边构建问题整体的表征。例如，当看到"太郎一开始有 5 颗糖，之后又从老奶奶那里得到了 3 颗糖，那么他现在有几颗糖呢？"这个题目时，擅长解题的人会立刻明白这是一道关于收到多少、增加多少的变化类题目。也就是说，他的脑海中立刻浮现出了变化类题目的基模。

图 3-2a 所展示的就是此类问题的形态。所谓变化，必然包括作为起始状态的初始量，以及行为带来的增量，最后产生的结果则是最终的量。这里的量又由两个要素组成，一个是"谁的东西"，另一个是"量的多少"。这两个要素中都还没有填入具体内容。所谓基模，其实是将具体情况稍加抽象化后的产物。在读题时，我们要先调出这样的基模，再将题目中的具体数据填入"谁的"及"数量"两处。

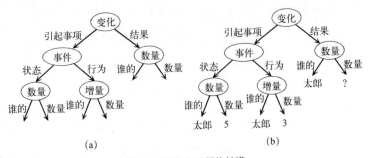

图 3-2　变化类问题的基模

图 3-2b 展示的是使用基模来阅读刚才的问题，并将适当内容填入其中的结果。在"谁的"处填上"太郎"。太郎这一信息提取自问题中。因为题目中写了"太郎一开始有 5 颗糖"，所以"数量"为 5。接下来填增量，太郎的增量仅为 3。最后关于结果的"数量"，"谁的"自然指太郎。那么，最终的数量究竟是多少呢？这就是我们要解决的问题。这一阶段所完成的表征通常被称为**问题表征**或**状况模型**，而构建这些表征的过程其实是在理解问题。

能够理解问题，指的是可以从脑海中调出正确的问题基模，并将具体情况填入其中。仅仅从语言层面明白了问题的意思还远远不够，更重要的是能够意识到它是变化类题目，然后调出相应的基模。在碰到极为晦涩难懂的问题时，就算在语言层面上知道题目在说什么，想必还是一头雾水，不知道这个问题到底想问什么吧。这种情况就像是小学生看到高中题目一样，每个字都认识，但就是不知道题目在说什么，自然无法得出问题的答案。解决问题的一大要点在于你是否掌握了充足的问题基模。

在完成问题表征的构建后，下一步是如何解答问题。请再看一遍图 3-1，图中展示了解答问题的全部流程。按照刚才的步骤，我们大体上构建出了问题整体的表征。接下来还需要用到**行为基模**。行为基模指的是遇到问题时的做法。运用这种知识探索解法，可能会收获多种解法。一旦我们锁定了可行的解题方法，就能构建出相应的算式。

如果问题属于某种固定类型，那么我们可以马上构建出适用的行为基模，但若是碰到不太常见的问题，该怎么办呢？适用于这种情况的是更抽象的**策略性知识**。比如，"遇到比例问题先画出线段图""函数问题试着制作图表去解决""证明问题通过可能的结论反向推导出证明过程"，上述这些解题思路都是一种策略性知识。这种知识也被视为一种行为基模，虽然它的适用范围非常广泛，但并不是在任何情况下都能行得通。不过，善于解决问题的人会掌握特定的策略性知识，方便更高效地找到解答方式，而非盲目试错。在认知心理学中，有一部分人被称为**熟练者**（expert），我们让他们在解决问题的过程中，将自己的所思所想用语言、图像等形式表现出来，以便研究他们所使用的策略性知识。

在做数学题时，一旦想到了解题方法，我们通常会先列出算式，再通过计算得出结论。在计算数学算式时，我们通常会使用针对数字运算的行为基模，即加减乘除。在计算过程中，我们也常会思考"到底是用乘法还是加法"之类的问题，最终通过计算得出答案。这就是解数学题时制订计划并进行运算的过程。这个过程的确用于解答问题，它是狭义上的"解决"。可是，如果问题一经抛出就进入了解决的阶段，那么在这一过程中，理解问题的部分无疑显得非常重要。在认知心理学的范畴中，出于这一考量，通常将解决问题分成理解问题的过程，以及探索、使用解法的过程。

理解文章也是在解决问题——以英语阅读理解为例

认知心理学认为，人类的一切理性活动都是在解决问题。举例来说，**知觉**（perception）可以帮助人类判断肉眼所见事物的大小或距离，也可以帮助我们认识所见之物的实质。知觉的形成往往需要以视觉信息为基础，从而得出某种答案，因此我们可以说它是在解决问题。此外，记忆也可以被看作一种解决问题的方式，因为人们记住的信息会在一段时间后被重构。不仅如此，阅读、理解文章也是在解决问题，因为我们可以通过这一行为获取语言信息并从中得出合理的语义。正如本书第 2 章所言，我们一边使用语言知识和基模，一边通过"自下而上加工"和"自上而下加工"来理解文章。

以英语阅读理解为例。英语阅读理解题目基本上也是采用相同的处理方法来解答的。然而，一旦文字改为英语，许多学生就无法得心应手地处理问题。我曾试着问过许多学生，在学习英语时需要注意什么，大多数人的回答是多背单词。但是，一味地通过背诵单词来增加词汇量、不学习语法知识显然也是不行的，因此，单词和语法的学习缺一不可。然而，来向我诉说学习烦恼的学生中，就有许多人记了大量的词汇，也做了许多语法题，但不知为何，一碰到英语阅读理解题目就看不懂，拿不到分。与他们交流之后，我发现是因为他们没能有效运用"自上而下加工"。

> I was never stage-struck. I have known dramatists who wandered in every night to the theatre in which their play was being acted. They said they did it in order to see that the cast was not getting slack. I suspect it was because they could never hear their own words spoken often enough.
>
> (W. Somerset Maugham)

上图中的英语段落的难度大约在高考水平。这里我们探讨的是理解每个单词的意思、但很难完全看懂文章的情况，所以在此先将题目中的难点词汇的意思告诉大家。

"stage-struck"译为"迷恋戏剧的"，形容很喜欢戏剧的人；"dramatist"指"剧作家"；"wander"指"漫步"；"act"指表演；"cast"指演员；"slack"表示"懈怠"；"suspect"表示推测，但需要注意的是，经常有人将这个单词翻译成"怀疑"，但它与"doubt"不同，表示程度较轻的推测。剩下的单词都不是很难，如果有不会的自行查阅词典即可。现在请你思考一下这段话该如何翻译。这一例题是某个家庭教师给高中生准备的习题，那位高中生给出的翻译如下：

> 　　我绝非迷恋戏剧的人，我知道有剧作家每晚都会因为他们演出的话剧而彷徨失措，他们说就是为了看到这些才这么做的，演员绝不能懈怠。我怀疑这是因为他们不能总是听到他们自己说的话。

　　我完全没看懂译文想表达什么，但在答卷中，这种不知所云的译文屡见不鲜。我回想起自己上高二时，也想着多写点就能多拿一点分，不知不觉间便写出了这样的译文。但实际上，如果译文语义不通，阅卷人恐怕不会给分。相反，有些译文虽然略有错漏，但大意和主旨都准确清晰，对于这样的译文会酌情给分。

　　老实说，第一次看到这段英文时，我也不太理解它的意思。归根结底，比起词汇知识，思考用怎样的脉络和逻辑将文章串联起来更重要。这是一则含有讽刺意味的笑话，如果给欧美人看，他们会马上捧腹大笑。这段话能作为考试题目，就意味着它应该是一个独立的故事，考生不需要联系上下文也能读懂其意思。我们知道文中每个单词的意思，却无法理解全文，是因为我们没有很好地把握其内涵。

我们来看一下正确的译文。

　　虽然我并非戏剧发烧友，但也知道许多剧作家几乎每晚会溜达到剧场，去看自己创作的话剧。他们都说是为了过去监督演员，但我隐隐感到，他们只是想去听演员读出自己写的台词而已，这让他们百听不厌。

　　解释笑点虽然有些不解风情，但此处可能还是需要补充一些内容。虽然剧作家们说若是这部剧的作者在场，演员们会演得更卖力，因此他们才来，但实际上，这并不是他们的本意。他们喜欢听演员读自己写的台词，百听不厌，所以才来的。原文中的 "often enough" 表示 "直到自己满足，听非常多遍" 的意思，加上 "never" 后就是 "百听不厌"。综上所述，这句话的意思是 "听演员读出自己写的台词，不管听几遍都听不烦"。这段英文并没有使用生僻的单词，但我们很难把握它的含义。可对母语是英语的人来说，这段话的意思就很好理解了。

　　大多数日本学生读完这段英文后无法立刻理解其含义，可见其难度。不过，倒是有一位学生，在得知作者是萨默塞特·毛姆之后，马上理解了这段话的大意。之后他又通读了一遍，完全理解了这段话的意思。这个例子很好地说明了什么是自上而下加工。

那位学生对毛姆的文风有一定的了解，知道他经常在随笔中讽刺权贵。因此，他猜测这段话或许是在讽刺那些剧作家，重新阅读后顺利理解了其含义。

并不是掌握了单词、语法等知识就能自然而然地读懂英语文章，要想真的读懂，就要以英语原文为线索来构建出合理的译文。不管是英语还是日语，我们在获得信息并尝试理解其中的内容时，都需要先充分利用上下文的信息或背景知识来推测文章想表达什么。在学习英语时，我们通常会因为自己的词汇量或语法知识不够而感到不安，从而只注重单词和语法的学习，却忽视了其他。

高三时，我曾在某本写作指导书中读到过这样一段有趣的话："若想提高自己的英语阅读能力，就请多读报刊，丰富自己的知识库。"出现在英语试题中的文章，其内容背景可能会在一定程度上涉及思想领域，或是以时事作为主题等，是否熟悉这些知识会影响文章的理解程度。

例如，在阅读有关中东战争的文章时，如果我们对西亚的地理历史等知识有所了解，肯定有利于理解文章。储备了这些背景知识后，再看到有关中东战争的文章，我们能马上反应过来。我实际尝试之后发现确实如此。其实只要时刻留意去积累各方面的知识，英语阅读能力自然会得到提升。

错误的知识会妨碍解决问题——物理定律的朴素概念

我们所掌握的知识，只要好好运用就能派上用场。但是，如果掌握的知识是错误的，反而会引导我们得出错误的推论或判断。在认知心理学中，我们将常见的错误知识称为**朴素概念**（naive concept）或**错误概念**（misconception），这里的"朴素"是不够考究和不够深入的意思，一般作为贬义词使用。

请看图 3-3a。假设从一架正在飞行的飞机上抛下一个物体，从外面看，该物体会如何运动呢？这个问题其实问的是，从正在飞行的飞机上垂直向下抛出物体，掉落的物体在下降过程中的轨迹。此时可能会得到各式各样的回答，如"会向着抛出点后方的地面掉落""会落到抛出点的正下方""会朝着抛出点前方的地面掉落"等。正确答案是"会朝着抛出点前方的地面掉落"，物体会沿着抛物线落到抛出点的前方。当然，我们也能理解为什么有人会回答物体会落到正下方，因为从上向下来看，飞机上掉落的物体似乎落到了正下方。然而，从侧面来看，物体是沿着抛物线向抛出点前方的位置运动的。事实上，曾有人以美国的大学生为实验对象，问他们这个问题，结果绝大多数人的回答是"正下方"。

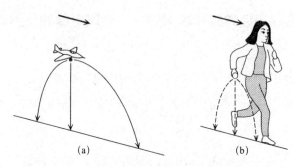

(a)   (b)

图 3-3　物体下落问题，物体会落到哪里呢？

　　此外，有些人虽然答对了物体从飞机上掉落的问题，但没能答对图 3-3b 的问题，即正在奔跑的人扔下一个球，这个球会掉到哪里。这里仅仅是将飞行中的飞机换成了奔跑的人，答案依然是"会落到抛出点前方的地面"。然而，当问题中的对象变成奔跑的人时，就有人觉得球会掉到抛出点的正下方或者后方。回答"会掉到后方"的人或许是觉得，当球掉落时人在向前奔跑，球应该留在了后面。每当改变高度或者速度的设定时，就会有人答错。

　　接下来请看图 3-4，假设我们将一根空心软管一圈圈卷起来，并将其水平放置在地面上，然后用力将一个类似弹珠的小球掷入软管的入口，小球在管内转动，并最终从另一端跑出来。小球出来后会沿着怎样的轨迹运动呢？是会直直向前，还是会呈旋涡状打转呢？

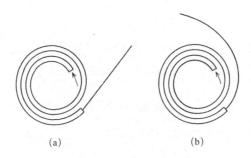

(a)   (b)

图 3-4　弯曲软管问题，小球会沿着怎样的轨迹运动？

　　根据牛顿第一定律，任何物体在不受外力作用时，总保持静
止状态或匀速直线运动状态，因此正确答案是图 3-4a 的直线轨
迹，然而这一问题少有人答对。图 3-5 展示了不同年龄段学生回
答该问题的正确率。图中显示，大学生群体的正确率是 60%。有趣
的是，学龄前儿童的正确率也高达 60%；其后，年龄越大正确

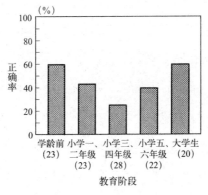

图 3-5　弯曲软管问题的正确率，括号中的数是实验对象人数

率越低，直到小学五、六年级，正确率才稍稍有所上升。到大学生，正确率才又与学龄前儿童的正确率持平。

该如何解释这一结果呢？进行这项实验的凯撒（M. K. Kaiser）等人认为，学龄前儿童或许看到类似场景的次数较少，就直接记住了水管喷水的样子，也可能是因为直线这一答案最简单，所以他们不假思索地选择了直线。但随着年级增高，学生逐渐对力学产生了自己的朴素理论，最终导致了上述的实验结果。

我们所掌握的关于力学的朴素理论，基本上是在物理学家伽利略出生以前，即亚里士多德生活的时期或者欧洲中世纪时就已经形成的力学知识。当时人们普遍认同的力学原理是，运动的物体内部存在某种促使它运动的"动力"。比如，他们认为不停打转的物体内部存在促使其打转的动力，若是没有外力作用于该物体，这种动力就会一直消耗。那时的人们不知道牛顿第一定律，他们相信只要没有外力作用于运动的物体，一旦其内部动力消耗殆尽，它就会慢慢停下来。

在回答图 3-4 中的问题时，我们往往会不自觉地运用这种朴素理论进行思考。如果靠外力让小球在软管中一直转圈，其内部就会产生转圈的动力。之后，如果不再施加任何外力，小球就会慢慢消耗这些动力，转得越来越慢，直至停止。这种想法根植于我们的潜意识中。实际上,欧洲中世纪的人们就是基于这一逻辑来理解力学现象的。具体到此次实验,因为小学三、四年级的学生还没有开始系统地学习物理知识,所以很容易接受这种逻辑。他们依据自己极其有限的经验得出朴素理论,并误以为该理论在其他场合也同样适用。

前面的实验就是如此。但令人意外的是,大学生的正确率竟然和学龄前儿童的一样。虽说如此,但学龄前儿童与大学生的情况截然不同。学龄前儿童是在没有形成朴素概念的情况下答题的,他们之后会慢慢成长,形成自己的朴素理论,之后再通过学习物理学来改正这些理论,最终成为大学生。已经改正了这些理论的大学生能够答对这道题,但也有一部分学生虽然暂时改正了这些理论,但仅仅是为了应付考试,之后就立刻将知识抛诸脑后。他们虽然成为了大学生,但仍然答不对这个问题。

我们再来做一道物理题。图 3-6 中有两个问题。图 3-6a 是"钟摆问题",钟摆在不断地左右摆动,请在两个 ● 的地方分别画出钟摆的全部受力。图 3-6b 是"竖直上抛问题",从下方的 A 点向上抛出物体,物体会运动到 B 点的位置,再往上运动到 C 点,然后下落,即物体被竖直向上抛起再落下。请画出物体到达 B 点时的全部受力。

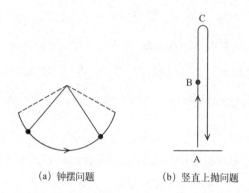

(a) 钟摆问题　　　　　(b) 竖直上抛问题

图 3-6　用箭头标出作用于物体上的力（无视空气带来的影响）

　　从物理学角度来讲，正确答案如图 3-7 所示。关于钟摆问题，通常情况下受力分两个，一个是重力，另一个是绳子的拉力。在竖直上抛问题中，受力通常只有重力一个。然而，许多高中生和大学生给出了图 3-8 那样的回答。他们在钟摆问题中，在一个点上画了 3 个力，除了重力、拉力，因为钟摆是向右摆动的，所以还加了一个向右的力。他们认为钟摆经过正下方后速度有所放缓，但有一个向右的力，所以才能继续向右摆动。也有一些人回答有 4 个力，他们认为钟摆的摆动速度放缓是因为受到了来自反方向的阻力。

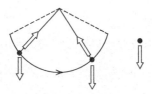

图 3-7　图 3-6 的正确答案

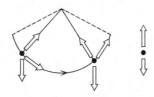

图 3-8　图 3-6 的典型错误答案

　　在回答竖直上抛问题时，比较典型的错误是多画了一个向上的力。大家总认为物体是被向上抛出的，所以在物体到达 B 点时应该有一个向上的力的作用，而且这个力要比重力更大才能让物体往上飞。然而实际上，在物体离手的瞬间，这股向上的力就已经消失了，运动过程中物体不需要这股力也能向上运动。虽然听起来不可思议，但在这种情况下，作用在物体上的力只有向下的重力。

之所以会出现这种类型的错误，主要是因为朴素概念使我们认为，物体在运动时应该有某个力施加在其运动方向上。我们很容易产生这种想法。即使通过实验证明了正确的情况，或是学习了牛顿运动定律等科学原理，但如果只是为了应付考试才掌握这些知识，那么过不了多长时间就会忘得一干二净。因此，如何把握学生已有的朴素概念，用他们能理解和接受的教学方法来告诉他们正确的概念，是学校教育面临的一个重要问题。此外，希望你在学习过程中也尽可能地思考这一问题。

正确的知识或经验有时会妨碍我们——固着和制约

即使我们从自己的知识或经验中获得的概念性知识和策略性知识都是正确的，这些知识也并非每次都能起到正面作用，有时反而会成为一种阻碍。接下来我将举例说明。图 3-9 所示的问题是心理学中的经典问题，即有名的"水瓶取水问题"。问题要求我们使用 3 个容量各不相同的水瓶 A、B、C，将水装到规定量。这道题的重点在于，需要使用 3 个水瓶来装水或倒水，无论多少次都可以，只要瓶内水量达到要求即可。

图 3-9 的①问的是，水瓶 A 能装 14 升水，水瓶 B 能装 163 升水，水瓶 C 能装 25 升水，如何用这 3 个水瓶装到 99 升的水？

	A	B	C	所定量
①	14	163	25	99
②	9	42	6	21
③	21	127	3	100
④	20	59	4	31
⑤	18	43	10	5
⑥	28	59	3	25
⑦	15	39	3	18

图 3-9　水瓶取水问题

　　这个问题看似很难，实则不然。首先将水瓶 B 装满水，然后将水瓶 B 中的水倒出两个水瓶 C 的量，最后倒出一个水瓶 A 的量，水瓶 B 中剩下的水就是 99 升。②及之后的问题是同样的道理，从水瓶 B 中倒出两个水瓶 C 的量，再倒出一个水瓶 A 的量即可。但其实后面的题有更简单的解法，但我们很难发觉，这就是**固着**现象，即当被告知问题有更简单的解法后反而解不出来，或是当问题通过一种非常简单的方法就能解决时，我们竟无法解出。实验表明，这种思维陷入混乱的情况在日常生活中很常见。

　　如果之前没有做过有固定解法的题，那么当一道简单的题出现在我们面前时，我们通常能够马上想到解法。像⑥、⑦这样的问题，通常看一眼就知道解法，不需要用到水瓶 B，单靠水瓶 A 和水瓶 C 就可以完成。然而，一旦我们习惯了用同样的方法解题，在碰到简单问题时，我们反而不知道怎么解答了，或是无法在几种解法中选出最简单的那种。

水瓶取水问题是几十年前就有人做过的一个经典的心理学实验。这个例子告诉我们，一旦习惯了某种固定解法，就会忽视其他更好的解法。

请看图 3-10。桌子上有一根蜡烛、一盒火柴和几个装在盒子里的图钉，后面是一堵墙。那么如何利用桌子上的这些道具，将蜡烛垂直于地面固定在墙上呢？总之，我们的目标是让蜡烛的光能够照亮整个房间，换句话说，就是如何将蜡烛固定在墙上，让它能够照亮整个房间。接下来给你一点时间来思考。

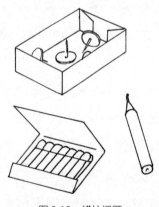

图 3-10　蜡烛问题

现在公布答案。首先，从盒子中取出图钉；然后，用图钉将盒子固定在墙壁上，使盒子成为一个平行于地面的平台；最后，将蜡烛垂直立在盒子中，就得到了正确答案（图 3-11）。

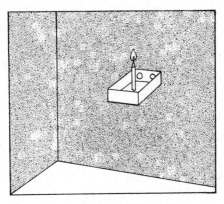

图 3-11　蜡烛问题的正确答案

　　我也是看到这幅图后才恍然大悟。更有趣的是，实验表明，如果将图钉散乱地放在外面，而不是装在盒子里，人们能更快想出正确答案。当图钉放在盒子里时，我们往往很难想出答案，这到底是为什么呢？

　　当图钉放在盒子里时，我们可能会认为盒子就是用来装图钉的，将其视为一个简单的储物工具，很难想到它可以作为平台来放置蜡烛。然而，如果把盒子单独放在桌子上，而不是用它来装图钉，我们很容易想到将其当作平台使用。"盒子是用来装东西的"，这个我们原本就具备的知识成为一种固有观念，**制约**了我们的思维，反而成为我们解决问题的障碍。这种观念让我们只想到盒子可以装东西，却想不到它还可以作为平台来使用。这个实验就是一个示例。

　　前面列举的水瓶取水问题和蜡烛问题都是想说明，我们所拥有的知识或积累下来的经验，有时反而会成为解决问题的障碍。我们所掌握的知识对问题的解决会产生很大的影响，有时能帮助我们解决问题，有时反而会妨碍我们解决问题。

从失败中吸取教训

　　"想成为能解决问题的人""能顺利地解决问题一定很棒"，这是我们常有的想法。但到底怎么做才能顺利解决问题呢？如果能够轻松做到，就无须大费周折了。总之，请你思考一下，我们应该怎么做才好呢？

　　重要的是我们记住了多少问题基模，以及在解答问题时能否马上想起来。如果只是漫不经心地刷题，无论做多少题也无法构建出问题基模。

　　接下来请大家试着解答一下认知心理学中的经典问题。这个问题从几十年前开始就被广泛应用于各种实验，以此为材料的研究至今仍在进行。

　　一旦身体内长出恶性肿瘤，我们就必须寻找有效的治疗方法。放射线治疗是一种常见的方法，但如果用强放射线直接照射患病部位，可能会杀死患病部位周围的健康细胞。我们到底该如何治疗比较好呢？

　　这一问题被称为"放射线问题"，看似简单，实则难度很大，几乎没有人能答对。正确的答案是，从几个方向放出弱放射线，让它们精确地汇集在肿瘤所在的位置。这种巧妙的构思似乎也被应用在现实中的肿瘤治疗上，也就是将放射线集中到长有肿瘤的患病部位。

　　在认知心理学中，有很多实验以这一问题作为研究素材，大多数是为了研究该如何引导人们解出这道题。为此，许多心理学家煞费苦心，反复实验。最终得出的结论是，如果曾经解决过类似的问题，那么可以将学到的知识运用到解答这道题上。我们将这种情况称为**类推**（analogy）。类推并不容易实现。在过去开展的实验中，研究人员曾尝试先让人们回答几道相似类型的题目，然后测试他们是否能够将所学内容运用到放射线问题中。

　　比如"灭火问题"。一个房间内有物体在自燃，火势迅速蔓延到四周，房间的四周都有窗户。如果要从一边的窗户中喷入大量灭火剂，就必须破窗，但这样做又太得不偿失。到底应该怎样做才能灭火呢？其实，最好的方法是从四周的窗户分别喷入少量灭火剂，将灭火剂集中喷到燃烧处来灭火。我们就算曾经做过这道题，也很难将其与前面的放射线问题联系起来，通过类推得出答案。

类似的题目还有"要塞问题"。假设一个小镇上有敌人的要塞，这个要塞易守难攻，必须派大量部队来才能攻陷。通往要塞的路有好几条，但大部队一起经过势必会触发地雷，所以所有人很难走同一条路。这时应该怎么办呢？最好的方法是将大部队分成若干小部队，分别从四周的道路潜入，最后在正中间的要塞汇合，一起将它攻破。这个问题的解决方法与前面的"灭火问题"相同。但就算有解决相似问题的经验，我们也依然很难顺利解决放射线问题。

认知心理学家基克（M. L. Gick）与霍尔约克（K. J. Holyoak）所开展的实验表明，只有在下述两种情况下，我们才能通过类推得出答案。第一种情况是，明确告诉对方要把某道题当作提示来解下一题。只要明确告知对方某道题为提示，对方便能注意到下一题可采用相似的解法。

另一种情况是，先让实验对象回答灭火问题和要塞问题，再让他们自己总结这两道题的共性。如果他们察觉到了两者间的共性，就能在回答放射线问题时快速类推出答案。例如，有人可能会总结出"如果无法从一个方向加入一股强力，就先将其拆分成若干较小的力量，再将它们汇集到一起"这样的共同点。这样一来，他们就掌握了一种问题基模。

在理解和解决问题时，重要的是自己是否拥有丰富可用的问题基模。另外，基模中包含很多策略性知识，这些策略性知识不能只通过语言来记忆，必须实际应用，否则没有任何意义。因此，练习至关重要。然而，只是胡乱重复练习没有任何效果，需要将方法牢记于心进行练习才行。将来我们可能会遇到不知道答案、不清楚解答方向的问题，这时我们还需要具备制定解决策略的能力。

这里，我把从经验中总结出解决问题的规律这一行为称为**教训归纳**（lesson induction）。这个词语乍一听很像专业术语，但其实并非心理学中的术语，而是很多年前我们在开展有关学习咨询的研究时为了方便称呼而发明的，并一直沿用至今。

所谓归纳，就是从一个个具体的经验中总结出普遍规律。关键在于，在解决问题之后或解不出问题时，我们从中吸取了教训。是否做到这一点，将在很大程度上决定我们的学习能否顺利进行。注意到自己错误的地方也算吸取了教训。当试卷回到手上或者自己做练习时，我们肯定能看到自己做不出来的地方和扣分点，正是这种时候，我们才有机会吸取教训，并将所学知识应用到以后的实践中。

■ 如何活用学习方法——学数学要靠死记硬背吗

本章着重强调了解决问题时知识所起到的作用。之所以强调知识，是因为常有人宣扬"学数学就是靠死记硬背""学习数学，其实就是记住公式和解法"这样的观点。在街头巷尾出售的辅导书中，比起强调背公式的，似乎强调背解法的更多。大家在学习数学时或多或少背过公式，但仅靠背公式是无法解答问题的。因此，很多书里强调说，背诵大量的解法更重要。我问过一些学生，不少人在考试前读过许多阐述类似观点的书。有人觉得受益匪浅，有人对此嗤之以鼻。

大家不妨以认知心理学中关于知识的作用的观点为基础，形成自己独有的思考方式。从认知心理学的角度来讲，解答数学问题无疑是需要知识的。我们经常听到擅长数学的人说，做数学题不靠知识，靠感觉就能做出来。但事实恐怕并非如此。在做数学题时，感觉的确能起到一定的作用，但仅凭感觉是无法解出数学题的。那些说做数学题只靠感觉就可以的人，其实已经做过很多题目，积累了不少知识。

不过，这里的知识并非指死记硬背所谓的解法，而是指结构化的知识，这在本书的第 1 章提到过。我们的知识并非只是大脑所记录下的零碎事实。放到数学上来说，仅仅毫无章法地记下各种题目的解法，是很难将其运用到实践中帮助我们解题的。重点在于要对问题稍加抽象化，归纳为问题基模，并找出不同基模间的关联性，再将其结构化。那些数学学得好的人，其实在无意识中已经完成了这一过程。但真要让他们说，他们只会觉得"数学不是靠背诵，也不是靠知识"，实际上他们本身就具备一套质量颇高且能熟练运用的知识体系。

相反，那些宣扬"数学靠死记硬背"的人过分强调"只要多做题，记住做法，谁都能学会数学"这一观点。然而，在相信这一观点并尝试去记忆大量问题解法的人中，实际上也分为能够灵活运用这些解法和不能灵活运用这些解法这两类人。其中的关键就在于，在自己学习数学的过程中能否顺利地构建出问题基模。

当能够构建出好的问题基模并运用自如时，我们就可以利用此前的解题经验来解决问题了。那么在平时的学习过程中，我们是否都能够从做题经验中构建出一套问题基模呢？只能说因人而异。有的学生一心刷题，也有很多学生一天只做 10 道题。虽然他们确实很努力，但光刷题未必能成功构建出问题基模。

再说得具体点，就是"希望大家不要做完题后就扔在一边"。也就是说，在做每一道题时，特别是那些一开始没做出来的题，要能够从中获得教训，而不是标出对错后就置之不理了。对于做错的题，要好好考虑为什么没做对，并将原因写在自己给出的答案旁边。例如，可以写上"这道题中这个点很重要""这道题这样做更好"等，像记笔记一样将这些内容写到上面。

　　我曾经问过来找我倾诉学习问题的学生，他们平常是怎样学习的。结果很多初中生和高中生告诉我，一般做过一遍的题就不会再看第二遍了。也就是说，很多题目批改完对错后，他们就不会再看了。这实在是太可惜了。尤其是自己做错的题，更应该思考"为什么会做错""为什么不会做"，并将原因记录下来，方便下次复习。哪怕只是时不时地看一眼，只要经常复习，学习效果也会截然不同。

第 4 章

斗志满满时，毫无干劲时

从外部获得的干劲、从内部获得的干劲——外部动机和内部动机

心理学将与学习热情或工作热情相关的问题，即"干劲"问题，视作**动机**（motivation）问题。动机原本指的是我们开展行动的心理诱因，比如在参加入学考试的面试时，我们常被问到"为什么报考本校"这样的问题。所谓动机，指的是人类最基本的欲求。

动机一般有内部和外部之分。在 19 世纪末至 20 世纪中叶，**行为主义心理学**曾一度成为主流。该学说认为，动物与人类的学习行为基本上遵循同一原理，动物学会某种技能也是一种学习。

促使它们学习的一个不可或缺的要素是，在它们做出预期行动后给予饲料作为奖励（报酬），反之则给予惩罚。也就是说，动物不仅能依靠本能去行动，还能通过外界给予的奖惩学会新的行为，这其实就是学习。动物依靠这种能力来根据所处环境不断调整自己的行动。如果换成人类，激励方式就不仅限于物质方面的奖励，父母或老师的表扬也可以起到激励作用。干劲产生的原因往往是想获得奖励或避开惩罚。一般来说，为了满足生理性欲求、社会性欲求等外部需求而激发出来的热情，被称为**外部动机**。

与此相对，20 世纪 50 年代前后，人们开始强调**内部动机**。此时，学习行为不再是获得某种报酬的手段，而是一种需求。我们的学习行为绝不仅仅是为了获得报酬，也可能是为了满足自己想获取新的刺激或信息的好奇心、想了解事物的形成原因和不同知识之间的关联的理解需求，以及想熟练掌握某种技能的进取心等。

似乎只有进化系统中的高等动物才具有内部动机。昆虫可以通过学习找到食物，老鼠可以通过一次次的尝试快速逃出迷宫。狗在训练时一听到"手"就伸出爪子的过程也是一种学习。这些动物都是为了获取奖励才去学习的。与此不同的是，大猩猩会主动模仿人类，甚至开发新的娱乐方式。它们仿佛很享受学习新事物的过程。

此外，如果某种行动可以靠自己内发地进行，却硬是给予报酬，反而会降低主动性，这种情况被称为动机的**破坏效应**（undermining effect）。这一现象由心理学家哈洛（H. F. Harlow）发现。原本大猩猩会主动玩智慧轮，但如果每次解出来就给它奖励，当奖励停止后，它反而不会再像原来那样积极地去玩智慧轮了。

1971 年，心理学家德西（E. L. Deci）用当时在大学生中风靡一时的索玛立方体积木（图 4-1）进行了一次实验，得出了相同的结果。他将实验对象分成两组，其中一组每次拼出立方体后就会得到一些钱作为报酬，另一组就算拼出立方体也没有报酬。之后让实验对象在一段时间内随便休息，自由活动，并观察他们在这段时间内玩索玛立方体积木的情况。他发现，先前得到报酬的那组学生主动去玩积木的时间明显减少了。原本出于兴趣去玩的积木玩具，一旦加上拼出来就给予报酬的机制，就沦为一种获得报酬的手段，玩的人最终会变得"没有报酬就提不起干劲"。

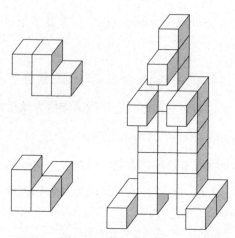

图 4-1　德西在实验中用到的索玛立方体积木

　　由此可见，外部给予的报酬对学习来说是一把双刃剑。一旦没有报酬，人们就很容易提不起劲儿去学习。但对于那些满怀热情自发去学习的学生来说，胡乱给予他们报酬，可能会让他们产生"学习是为了得到报酬""要是没有报酬就不学习了"等想法。有些家长为了让自己的孩子学习，总会对他们说"考得好就给你零花钱""考试通过了就给你买自行车"之类的话，但这样一来，孩子们很可能渐渐不觉得学习是件有趣的事情了。这么说来，是不是学习之后完全不给予奖励更好呢？关于这一点，我们会在本章进行讨论。

为什么学习——学习动机的双因子模型

　　心理学教科书中会讲解内部动机与外部动机，这是动机中最基本的两种类型。但是，学生学习的动机，并不是简单地分成外部与内部就能解释清楚的。在此，我想举一个示例来进行说明。我让大一学生回顾自己过去的学习经历，并回答"人为什么要学习""你又为什么要学习"这些有关学习动机与目的的问题。答题方式自由，想到多少写多少即可。这里也请你想想看，思考一下"人为什么要学习"。

　　我收集了学生的答案，将其制作成表 4-1。在心理学中，收集完这些数据后，还需要考虑如何结构化这些数据并建模。与学生学习类似，在研究心理学时，我们需要将一个个零散的信息清晰明了地整理在一起，并找出其中的关联，再给予理论上的论据。结构化的方法之一是先构建坐标轴，再在其中找到相应的位置。图 4-2 的双因子模型对各种各样的学习动机进行分类，然后进行二元结构化。学习动机大概可以分成 6 种，横轴为通过学习直接获得报酬的期待程度，纵轴为对学习内容本身的重视程度，然后依次填入 6 种动机。前面所讲的内部动机、外部动机则通过图中的斜轴来表示。也就是说，满足感是典型的内部动机，报酬是典型的外部动机。

表 4-1　学生所写的学习动机

为了考学和证书，没办法
想得到学历和地位
被家长和老师逼着学
学习好的话会很有成就感
不想输给其他人
大家都在学，自己就随大流了
因为喜欢老师
不学的话将来就要吃苦
能学到将来想从事的工作的必备知识
锻炼智力
为了掌握学习的方法
学习自己喜欢的内容本身就很快乐
很享受掌握新知识的感觉
能获得满足感
……

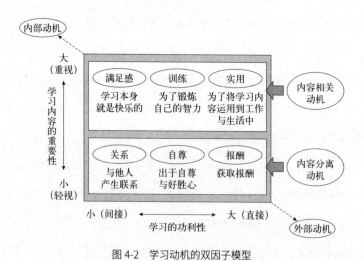

图 4-2　学习动机的双因子模型

暂且这样分类后，在心理学中，为了评测各个动机的强度，经常会制作各种问题选项并计算总分。表 4-2 就是这类测试问卷的一个例子，大家可以试着自己做一下。每一项的计分方式是：与自己的情况完全符合就加 5 分，完全不符合就加 1 分，一分一分往上累加，最后计算 6 项的平均值，平均值即自己动机的强度。这里没有正确答案、错误答案及好坏之分，只要放轻松，诚实作答即可。

表 4-2 测试学习动机的问卷

满足感	想学习新知识 想成为博学多才的人 就算没法马上在现实中运用学到的知识，学习本身也很快乐 掌握新技能可以带来快乐 只有学习才能获得满足感 想弄懂自己不知道的知识
训练	认为学习能锻炼自己的大脑 掌握学习的技巧 能更理性地看待事物 能从多个角度来考虑问题 只有通过学习才能让人更合理地思考问题 不学习，思考会变得迟缓
实用	想将所学运用到将来的工作中 学习的经验能在日常生活中起到作用 学习到的知识未来会对工作或学习有帮助 想体验将所学应用到实际中的喜悦 不学习的话将来会在工作上遇到很多困难 等将来工作中要用到再学就晚了

（续）

关系	大家都在学习，自然而然觉得学习是理所当然的 想和朋友一起做一件事 想获得父母或老师的认可 周围的人都在认真学习，被氛围所影响 大家都在学习，自己不学习会显得很奇怪 不学习的话会惹父母或老师生气
自尊	成绩好的话会有优越感 成绩好的话能得到朋友的尊重 不想输给对手 认为成功的标准是认真学习，然后从好学校毕业 学习不好会很不甘心 学习不好会逐渐失去信心
报酬	成绩好的话能得到零花钱或奖品 考得好能被父母或老师表扬 有学历的话就能在长大后过上富裕的生活 学历高的话进入社会后能获利更多 不学习就会被父母或老师批评 学历不高的话长大后找不到好工作

迄今为止，已经有很多人填写过这份问卷。在进行分析后，我们发现，在图 4-2 中，上面的 3 个动机之间是密切相关的，我将它们归纳为**内容相关动机**，下面的 3 个动机之间同样紧密相关，我将其称为**内容分离动机**。

相关性（correlation）是心理学、社会学、经济学等领域常用的一个统计学术语。如图 4-3 所示，如果 x、y 两个变量中，一方数值升高时另一方的数值也随之升高，就证明这两个数值之间呈正相关。两个数值之间既有像图 4-3a 那样关联度很高（很强）

的时候，也有像图 4-3b 那样关联度很低（很弱）的时候。**相关系数**会根据两者间关联度的高低，在 –1 和 1 之间取值。当相关系数为 0 时，如图 4-3c 所示，表示两者之间毫无关联。相关系数为负数则意味着 x 的值越大，y 的值反而越小，如图 4-3d 所示。

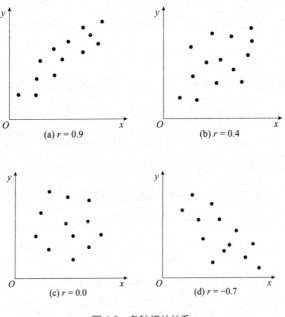

图 4-3　各种相关关系

　　每个学习者的学习动机都不相同，哪个动机最强更是因人而异。此外，老师之间也存在学习动机的差异。如果老师的学习动机与学生的学习动机无法统一，那么老师煞费苦心准备的、希望能激发学生学习兴趣的教材或问题便可能无法起到作用。再者，从事教育行业的人更倾向于认为内容相关动机才是"好的动机"。然而，当面对丧失了学习热情的学生或低学段儿童时，即便要求他们有内容相关动机，也绝非一朝一夕就可以实现的。倒不如从关系、自尊、报酬等内容分离动机着手，使他们逐渐萌生内容相关动机的新芽，像这样从多个角度思考也是相当重要的。

干劲的机制——伴随性认知及实现可能性

干劲从人类拥有的"理情意"（理性、感情和意志）这 3 种精神要素上来说，似乎属于一种意识层面的东西，而实际上它是建立在人们对于事物的看法，即认知的基础上的。比如，阿特金森（J. W. Atkinson）曾在 1963 年提出**期望价值理论**，认为动机取决于期待与价值的乘积。这里所说的期待是一种预想，指的是获得所求结果的概率。所谓价值，则是一种评价，主要用于判断目标对象对自身的有益程度。比如，对于为考上目标院校而拼命学习的学生来说，他的干劲有多大取决于两方面：一方面是考上的可能性有多大，另一方面是目标院校对于他拥有多大的吸引力。乘积代表如果其中一方的数值逐渐趋于 0，那么无论另一方的数值有多高，最终学生都无法提起干劲。

　　这种期待也可以称为预期。只要努力了就能达成目标，这样的经验积累得越多，期待就会越高。换言之，我们是否相信只要努力就一定会成功，而不努力就一定会失败呢？这种想法也被称为行为与结果的**伴随性认知**，当我们察觉到自身的行为无法决定成功与否时，就很难拿出干劲投入其中。

　　塞利格曼（M. E. P. Seligman）等人针对**习得性无助**（learned helplessness）的研究表明，当认识到自己的行动与最后的结果之间毫无关联时，动物也会变得毫无干劲。如图 4-4a 所示，将小狗放入一个装有特殊设备的房间里。小狗的脚底受到电击后，只要它按下按钮，电击便会停止。在一般情况下，小狗会不断尝试，最终按下按钮以停止电击。在第二个场景中，当小狗遭到电击时，它只要越过隔板跑到旁边的房间里去，就可以逃离电击。此时，小狗也会学习如何逃离。但在塞利格曼等人的实验中，还有如图 4-4b 所示的对照组。在该对照组中，小狗不管怎么行动，电击都不会停止且小狗无法逃离。虽然电击每过一会儿就会自动停止，但这与小狗的行动没有关系。在这一条件下，小狗无论采取怎样的行动都无法逃离电击，于是它放弃挣扎，接受电击。在第二个场景中，当我们为这只小狗创造了可以逃离的条件后，它却同样不再采取任何行动，如同放弃挣扎一般默默忍受电击。由此可见，当它在第一个场景下发现行动与结果无关后，在第二个场景下同样会失去尝试逃离的干劲。

(a) 没有变得无精打采的小狗

(b) 变得无精打采的小狗

图 4-4   习得性无助的实验（奈须，2002 年改编）

前文提到的"习得性无助"并不是指"对学习这件事本身毫无干劲"，而是像英语单词"learned helplessness"表达的那样，指"对被迫学习的无力感"。换言之，无力感并非天生就有，而是经历过许多拼尽全力却无济于事的情况，后天形成的一种感觉。

这么说来，是不是只要坚信"只要努力就会成功"，就能够充满干劲呢？我们先来了解一下班杜拉（A. Bandura）提出的结果期待和效能期待。**结果期待**（outcome expectancy）是指个体认为自己采取某些行动后就可以获得好的结果，与伴随性认知类似。**效能期待**（efficacy expectancy）则是指个体对自己是否能够在现实中完成某一行动的预期。

例如，我们有一天学满 8 小时就一定能合格这一结果期待，但预计自己一天学不到 8 小时，此时的效能期待就会很低。在这种情况下，我们就会产生"努力就会成功，但我努力不起来"的想法，自然也就无法提起干劲。制订学习计划时也是如此，虽然确信"这么做一定能取得好成绩"，但又觉得自己实现的可能性很低，这样一来，又怎么会有干劲呢？

舍不得拿出干劲——自我妨碍

动机的认知理论，从某种意义上来说描述了我们内心的一种机制。我们会下意识地去冷静判断，以防止白白浪费自己的干劲。习得性无助也是如此，不管我们采取什么样的行动都无法对结果造成影响的话，那么我们就会认为做什么都是徒劳的。问题是这种想法太过普遍，甚至有时自己的行动已经初见成效，也会有人选择放弃。既然如此，人们如果能够在一定程度上认识到自己行动的伴随性或实现可能性，就一定能拿出干劲了吧？事实上，这其中也有某种不可思议的心理机制在起作用，我们很难做出论断。

假设有一个学生 M，直到初中成绩都很好，但进入高中后就开始变得不想学习。他明白自己并不笨，父母也总是对他说："你只要去做就一定能做好。"而他总是说："学习能有什么用，我没觉得上学对人生有什么用。"于是他开始听听音乐、看看漫画、打打游戏，在不知不觉间虚度时光。结果，他的成绩一直上不来，虽然他也曾焦虑过自己能否考上大学，但就是怎么也提不起干劲去学习。

如果你是 M 的父母或老师，你会怎样理解和处理这一情况呢？心理学家又会怎么做呢？又或者，假如你就是 M，你会如何解释自己的状态，并思考应对之策呢？

当然，仅从上述内容来看，我们很难想出具体的措施。但是从心理学的角度出发，我们不能只是单纯地将 M 说的话看作他缺乏学习干劲的真正理由，还应当试着思考一下是否存在连他本人都没有意识到的理由。如果直接从正面处理这个问题，那么就针对他所说的"不知道学习有什么用"，搬出学习的益处来说服他。这的确是一种方法，可能会起到一定的作用，但同时也有一个问题：既然 M 说他是因为学习对未来没有益处才提不起干劲，那按理说他对音乐、漫画或者游戏不也应该提不起兴趣吗？

从心理学层面上来解释，有一种可能就是 M 正在进行**自我妨碍**（self-handicapping）。这使他下意识地压抑学习热情，即使成绩变差，也会以"自己并非头脑愚笨，只是不想学而已"为借口。为什么会出现这种情况呢？其实是为了维护自己的自尊心，或是为了继续维持他人对自己的评价。

人类总是希望将自己的价值或能力保持在较高水平。于是，在无力继续维持下去，有可能威胁到对自己的评价时，人们就会主动给自己施加障碍，并将失败原因归结于这些障碍，以此来构筑自己的心理防线，这就是自我妨碍。例如，"明明快考试了但我完全没学"这样的借口就明显属于自我妨碍的范畴。

一旦进入这种状态，想摆脱就会非常麻烦。首先，进入这种状态的人并没有意识到这种自我妨碍，只觉得是因为自己没有好好学习，不了解考试内容，所以成绩才越来越差，失败的可能性也越来越大。于是，他会丧失自信，更不想学习，由此陷入恶性循环。在这期间，不懂的知识会越积越多，当他意识到"真的不学不行了"时，才惊讶地发现已经无从下手了。

一直想着自己"只是因为没学所以才不会""只要学了就一定能懂"，这种想法的本质是即使不去努力，他人对自己的评价也不会降低，从某种意义上来说自己也能过得很舒服。自我妨碍原本是一种防止自尊心受伤的心理机制，但一旦这种状态持续下去，我们的自尊心及评价早晚会跌入谷底。不管是学习，还是运动，抑或是演奏乐器都是建立在平时的积累上，需要我们不断练习。因此，我们必须找准时机打破这种恶性循环，而这种契机无处不在。用学习动机的双因子模型来说，我们应该先尝试激发自己的动机，什么样的动机都可以，总之要先动手去做。试着做了以后，把握住那些成功的、有趣的经历，这一点非常重要。

■ 运用到日常学习中——如何激发自己的学习热情

　　我们从动机的理论开始回顾，试着思考一下学习热情该如何培养，或者该怎样维持这份热情。首先，从内部动机的角度来看，如果学生的求知欲没有得到满足，或者无法获得认可和满足感，感觉不到自己的进步，就很难激发出他们的学习热情。作为一名老师，备课的内容及相关课题必须能够启迪学生，这一点是毋庸置疑的。但同时，老师需要具备发掘此类内容的能力。此外，老师也要认识到，有些内容初看可能会觉得索然无味，但只要细读下去就能体会到其中的有趣之处。即便是讨厌算术的小学生，在学会后也会展露笑颜。体会到学习带来的乐趣后，这些体验会源源不断地转换为对学习的热情。有时候学生之所以不愿学，可能是因为刚开始时老师的讲解或课题难度没能很好地与他们适配。

其次，从外部动机的角度来看，学习是为了什么，学习的目标又是什么呢？如果我们无法理解自己学习的目的和目标，就很难拿出干劲。对小学低学段的学生来说，大多数时候通过表扬或奖励贴纸等方式就能激发出他们的学习热情。但随着年龄渐长，我们更希望他们能够学会自律，自己完成目标后给自己奖励。例如，在月考前的一个星期里，每天学习五小时，达到这个目标就奖励自己，比如去看一场电影等。不通过外界给予的赏罚，而是通过自己制订学习计划来获得成长，这样会更有成就感。

此外，在初高中的课堂上，需要加入实践方面的内容，让学生实际感受到所学知识和技能的用处，并向他们展示这些知识在日常生活或工作中的具体应用。学生还可以通过阅读一些相关的杂志或书籍，以及借助网络中的大量信息，尝试将自己的学习与未来的发展方向或升学方向结合起来进行思考。

从动机的认知理论中我们还可以学到，要想达成目标，很重要的一点是要事先了解完成它所需的手段和方法。不管怎么学成绩都没有起色的话，人就会渐渐提不起干劲。与此同时，就算我们已经掌握了通向成功的方法，但如果这种方法太过脱离实际或超出自身能力，我们还是很难拿出干劲坚持下去。在这种情况下，我们更应该重视努力的质量，尝试改善学习方法，而不是一味地增加学习时间。即使花费大量时间去反复背诵，也很难把死记硬背的内容转换成长时记忆，且无益于提升我们解决实际问题的能力。本书从一开始就十分重视对内涵的理解及解决问题的策略，而这正是认知心理学中的重要观点。

　　书中所表达的观点，终究只是启发思维的一把钥匙。但我希望这把钥匙能帮助你打开拓宽思维的门径，成为提升自己学习热情的突破口。

高中生疑问解答

　　本书的大部分内容来源于 1997 年 7 月举办的"岩波高中生讲座"。许多参加了该系列讲座的高中生向我提出了疑问，我一一进行了解答。考虑到这些问答或许能对你有所帮助，特将部分内容节选刊载于下。

◆ 有意识地将基模语言化

　　提问：您提到的"基模"和"错误概念"这些话题十分有趣。既然我们无意识中的想法可能是一种错误概念，那么尝试有意识地将基模转化为语言是否会更好呢？

　　市川：基模这个词语的确被频繁提及。比如说，我们所拥有的"狗是什么样子的"这样的一般化知识就是"狗的基模"。提到人类的脸，两只眼睛，有耳朵，面容轮廓是某种类型，诸如此类的知识就是"脸的基模"。我们一般很少会意识到基模的存在，它作为常识大量储存在我们的大脑中。

正因为有基模的存在，我们才能顺利理解别人说的话，但有时基模的存在也会导致真话被曲解。如果强行使用基模解释，反而会引导出错误的推论。在某些情况下，基模本身会偏离真实情况，这就是所谓的错误概念。

我们必须意识到，在很多教育场景中，当基模如同错误概念一般本身就存在错误时，如果不采取措施改正，就无法成为正确的知识。在这种情况下，教学者和学习者都必须非常清醒地认识到自己具备何种基模、这些基模存在哪些问题，以及需要怎样去改变它们。我认为，在学习和教育方面，我们必须有意识地对基模进行诊断和替换。

此外，和第 3 章介绍的"放射线问题""灭火问题""要塞问题"一样，很多时候如果我们不在某种程度上有意识地去构建基模，就很难灵活使用它。在日常生活中，我们从小到大经历了许多事情，自然而然地积累了许多基模，但是如果在学习时想学会那些短时间内就能应用的知识，就必须在一定程度上有意识地去构建基模。关于语言化，心理学家的立场各不相同，但我认为在某种程度上开展语言化会更好。

所谓语言化，就是有意识地去做。我觉得有意识地进行语言化会更好。从外部获取的基模大多来自参考书，例如将某种基模制作成固定的模板并分享出来，《图表式》①系列就是这样做的，所以才颇具效果。这些参考书之所以在相当长的时间内被高中生广泛接受，是因为它们有意识地给予了这些东西，并产生了一定的效果。

但是，其中也有一些需要注意的地方。在高中之前的学习中，使用参考书给出的基模可能会取得相应的效果。但就学习而言，自己创造出这样的基模反而更重要。无论是做数学题，还是做学问，抑或是进入社会解决各种工作中的问题，从某一经验中提取出具有普遍性的基模、解决问题的教训等，对每个人而言都是至关重要的。

◆ 把经验用一般化的形式表现出来——报告的重要性

提问：我们可以通过哪些方法训练快速构建基模的能力？

市川：目前还没有什么好的训练方法。做好思想准备很重要。即使思路不是很清晰，也希望你在每次学习时都能思考自己学到的东西是什么、如何用更一般化的形式来描述等问题。

其次，把自己理解的内容呈现出来也很重要。例如，试着向他人讲解，或者把它写成文章进行说明。表达本身就是一种将

---

① 原系列书名为『チャート式』，暂无中文版。——译者注

基模确定下来的方式，因为如果能够让别人理解自己所表达的内容，就有可能发现其中的错误，进而构建出正确的基模。

　　提起表达，进入大学后，无论是文科生还是理科生，都需要经常撰写报告。刚进大学的学生在写报告时往往只是复述书本的内容。我在学生时代也是如此，但其实这样并不好。我们必须查阅各种各样的书，并通过自己的思考将想写的内容清晰地表达出来。即使其中包含自己生活上的体验也无伤大雅，重要的是，从这样的经验中你总结出了怎样的规律。说得更好听一些就是，最好让读者在阅读时认为这个人的报告中包含他独有的理论。

　　也就是说，在个人体验的基础上，将自己的想法以一般化的形式表述出来。不管是在大学还是踏入社会后，这件事情都极为重要。至少在我看来，这样的训练是不可或缺的，大家最好在平时就学习这类内容。有些观点认为把教科书上的内容原封不动地抄下来，或是囫囵吞枣地记住就是学习了。这两者显然是截然不同的。这里我用了"思想准备"这种较抽象的说法，希望大家认真思考我前面讲的内容。

◆不擅长英语阅读——探究"作者想说的话"

　　提问：我不擅长英语阅读，单词积累得不多，语法也很差，我想从语法角度来分析每个句子，该怎么做才好呢？

市川：实际上，我觉得这样的人非常多。即使是我自己，刚进入高中时也是如此。我们总是觉得，只要先从语法上分析每个句子，将每个成分的意思弄清楚，整个句子的意思便不言自明。这种做法可以说是一种自下而上的加工。

比起分析句子，我更希望大家能一边思考文章整体想表达的是什么，一边反复研读。也就是说，既然英文文章是由人书写的，而且还出现在了教科书和考试中，那么其中肯定有一些有趣的事情是作者想表达的。大家不要拘泥于细节，要先把握整体，寻找文章的中心思想。

就学习方法而言，最好在读完文章后写一篇摘要。这种方法不仅适用于英语和日语的学习，在其他方面也同样适用。总之，不要过分拘泥于细节，应尽量从整体上揣摩作者想表达的内容。

试卷中有时会出现"请写出文章大意"这样的题型，所以我们在平时学习时一定要重视这种方法。把握文章大意，并用自己的语言简洁地总结出来，不管是学习日语还是英语都是如此。

调查结果显示，成绩优异者经常自上而下地加工信息。他们会设想、推测文章呈现的是一个怎样的故事，思考"如果这里这么说，就和前面的内容不符了"之类的问题。如果感觉不对劲，那么很可能是自己的解释方式存在偏差，因为过于支离破碎的文章，绝不会出现在教科书和考试中。在做英语阅读时，如果认为自己的阅读方法出现了问题，请务必仔细研究前后文之间的关系，推敲文章的脉络是否合理。

◆ 在查字典之前，先推测单词的意思

提问：在阅读英语文章时，遇到看不懂的单词，只要能大体理解文章的意思就可以了吗？

市川：对初学者而言，这种阅读方法可能略显困难，但到了高中二、三年级，务必尝试这种阅读方法。如果遇到不懂的单词，不要马上查字典，而是通过前后文推测单词的意思，之后再查字典确认。如果猜中，你可能会有一些成就感。如果没有猜中，觉得可惜，重新记住字典里的意思就好了。

我并不是说使用单词本或市面上卖的单词书来背单词不好。相反，如果你是考生，在某种程度上，我认为采用这些方法积累单词是非常有必要的，但仅靠背单词是不足以应对英语阅读的。哪怕在日语中，遇到一些不认识的词语，我们也会通过上下文去推测、把握其意思。即使是小孩子，在听到自己不知道的词语时，也能通过语境大概理解其内容。大家也一定要在阅读英语文章时尝试一下这种方法。这对我们进入社会后，阅读英文文章或

听别人说话都很重要。

我认为，即使在高考时，试题中的单词大家也不可能全都认识，就算是英语能力相当强的人，也一定会发现里面存在自己不认识的单词。这种时候，最能体现出差距的地方，就在于能否从前后文中推测出不认识的单词的大意，从而达到"虽不中亦不远矣"的效果。有的人一遇到不认识的单词就灰心丧气。他们读着读着，脑子里就开始想："这个不知道，那个也不知道，完了。"如果一直这样想，那就真的完了。所以请你一定在平日里养成先推测单词的意思再查字典的习惯。

◆ 是否有激发干劲的诀窍——以各种动机理论为参考

提问：很多时候，我们想学习却怎么也提不起干劲，这时该怎么办才好呢？有没有什么能让人提起干劲的小窍门呢？

市川：除了第 4 章中叙述的内容，我想再补充几点。奖惩相伴是行为主义学习理论的基础，但如果用力过猛，在无法获取奖励时反而会导致热情急速减退，这一点尤其需要我们注意。

"学习本来就是一件快乐的事情"，这是典型的内部动机。如果只是在学校学习可能会觉得很乏味，所以大家可以多接触一些能激发好奇心的有趣的东西。如果是社会学科，可以多看看能激发兴趣的历史读物；在学习历史时，可以选择去看历史记录片；电视里也有很多与理科相关的有趣的节目。看过这些内容，在学校学习社会学科和理科知识可能会变得有趣起来。读一些比教学内容更广泛的、能激发兴趣的书，或接触一些其他有趣的事物来激发兴趣，我想也不失为一种方法。

不过，仅仅觉得有趣是不够的，我们还必须了解这些知识如何在自己的学习和生活中发挥作用，这里，学习动机就是实用。不仅拥有知识是快乐的，使用知识时我们也会感受到乐趣。那么，如何才能拥有这样的体验呢？举个例子，如果你认为学习英语只是为了考试，显然这个目的会让人觉得很乏味，但如果将目的改为想和外国友人通信，或在网上进行交流，是不是动力的大小就截然不同了呢？虽然学校有时会开展这些交流活动，但我们个人其实也能做到。

学习本身姑且不论，有些时候我们会因人际关系而投入到学习中。这时的学习动机就是关系。比如说，有时候一个人学习的话很快就会疲惫厌倦，但是去图书馆和朋友一起学习就可以学很久。还有人因为喜欢任课老师所以喜欢上了那门学科，或因为他人才开始学习。

虽说总是因为他人才去学习并非长久之策，但将其作为一种契机倒也恰如其分。在学习英语时，加入英语俱乐部和社团就是一个例子。有一种办法是建立各种各样的小组，加入其中进行学习，大学里就有很多这样的社团，比如与社会研究、物理、化学等相关的俱乐部和社团。在这种环境中，与别人一起学习，学习的持续性会更好，我们也更容易获得乐趣。

说到享受学习的诀窍，因为我一直在做研究，所以感触颇深。成为研究者，意味着一生都在学习。读书、查阅各种各样的资料、开展研究，这些过程虽然有时让我苦不堪言，但我更多的是乐在其中。要说为什么开心，我想是因为大学里有学习小组，身边又有许多朋友。正因为与他们携手同行，我才收获了这么多的快乐。

当我们理解了一个全新的事物时，往往会一边喊着"我明白了"一边分享给别人。如果对方也觉得有趣，那么我们的热情会更高涨，渴望进一步深入研究。大学的研讨会要求学生调查各种各样的课题，并公开发表研究成果。如果大家都认真倾听，那么作为演讲者肯定会非常开心。在我看来，像这样一边构建与他人的关系，一边进行学习，其实就是结合自己的实际情况，让自己能够一直坚持学习与研究的一个诀窍。

行文至此，我已经向你提出了不少小建议，希望你能以此为灵感，尝试积极地去思考。

后记

　　1995 年，我出版了面向大学生的教材《学习与教育的心理学》①。1997 年 7 月，我举办了"岩波高中生讲座"，以更通俗易懂的方式向高中生讲解其中的内容，并通过实验让他们体验其中的乐趣。1998 年出版的《从心理学的角度重新审视学习》②一书，就是根据讲座的讲稿编写而成的。这本书问世不久就绝版了，但它曾作为高中的课后读物，被不少人阅读，因此出现了许多希望该书再版的呼声。受此影响，我决定对这本书进行全面修订后再次发行，修订后的新书就是呈现在你面前的这本《你真的会学习吗：高效学习的心理学真相》。

　　本书的文体和前书一样，采用了讲座风格，并且保留了一些讲座上的问答内容。在内容方面，前书的内容被解构重组为本书的第 1~3 章。此外，因为在讲座上很多听众表示，想了解心理学

① 原书名为『学習と教育の心理学』，暂无中文版。——译者注
② 原书名为『心理学から学習をみなおす』，暂无中文版。——译者注

中关于"干劲"的看法，所以我决定新增第 4 章，主要讲述关于学习热情的话题。这一章中的部分内容在《学习热情的心理学》[1]及《学力与学习援助的心理学》[2]等书中都有提及，但为了便于读者理解，我进行了重新编写。

本书在内容上属于"理论篇"。若想了解高中数学、英语等具体学科的学习方法，请参考"实践篇"——《你真的会学习吗：高效学习的建议与方法》。希望你能从中找到适合自己的学习方法，并改进自己的学习方式。

最后，在本书的编辑、出版方面，岩波书店编辑部的吉田宇一、猿山直美做了许多工作，在此深表谢意。

市川伸一

2013 年 5 月

---

[1] 原书名为『学ぶ意欲の心理学』，暂无中文版。——译者注
[2] 原书名为『学力と学習支援の心理学』，暂无中文版。——译者注

图表出处

表 1-1：

Miller G A. The magical number seven, plus or minus two: Some limits on our capacity for processing information[J]. Psychological Review, 1956,63:81-97.

图 1-4：

Carmichael L, Hogan H P, Walter A A. An experimental study of the effects of language on the reproduction of visually perceived form[J]. Journal of Experimental Psychology, 1932,15:73-86.

图 1-5：

Bower G H, Karlin M B, Dueck A. Comprehension and memory for pictures[J]. Memory and Cognition, 1975,3:216-220.

图 1-7：

Bower G H, Clark M C, Lesgold A M, et al. Hierarchical retrieval schemes in recall of categorized word lists[J]. Journal of Verbal Learning and Verbal Behavior, 1969,8:323-343.

图 1-8：

西林克彦. 間違いだらけの学習論－なぜ勉強が身につかないか [M]. 東京：新曜社, 1994.

图 2-2：

Selfridgc O G. Pattern recognition and modern computers: proceedings of the Western Joint Computer Conference[C]. Institute of Electronics Engineers, 1955.

图 2-8：

Schank R C, Abelson R P. Scripts, plans, goals and understanding[M]. Mahwah：Lawrence Erlbaum Associates, 1977.

图 3-1、图 3-2：

鈴木宏昭，鈴木高士，村山功，杉本卓．教科理解の認知心理学 [M]. 東京：新曜社，1989.

图 3-4、图 3-5：

Kaiser M K, McCloskey M, Proffitt D R. Development of intuitive theories of motion[J]. Developmental Psychology, 1986,22:67-71.

图 3-6、图 3-7、图 3-8：

Clement J. Students preconceptions in introductory mechanics[J]. American Journal of Physics, 1992,50:66-71.

图 4-1：

Deci E L, Flaste R.Why we do what we do: The dynamics of personal autonomy[M]. New York: Putnum's Sons, 1995.

图 4-4：

奈須正裕．やる気はどこから来るのか—意欲の心理学理論 [M]. 京都：北大路書房，2002.

版 权 声 明